AF493357

Despierta y *Levántate*

BIENETRE
EDITORIAL

Despierta y levántate

Estela López

Publicado por: Editorial Bien-etre.

Diseño de portada: Carlos Andrade
Foto de portada: Daniel Hernández

Diagramación: Carolina Carrillo

ISBN: 978-9945-628-37-1

Edición: Editorial Bien-etre.

Primera edición 2021

Despierta y *Levántate*

Estela López

BIENETRE
EDITORIAL

Estela practica lo que predica y su propio viaje de fe y bienestar nos inspira a todos. Las palabras y sabiduría contenidas en este libro son inspiradoras y relevantes para todos aquellos que están buscando vivir con más vitalidad y plenitud.

El Reverendo, Scott Stoner.
Fundador y Director de Living Compass Faith
and Wellness Initiative.
(El Ministerio de Brújula de la Vida)

Agradecimientos

Quiero agradecer a Dios, porque su gracia y su misericordia me alcanzaron. Y su amor infinito me sanó, salvó y liberó, por esa razón, ahora vivo una vida plena y en abundancia.

Agradezco a mi esposo Pedro, quien con tanto amor y paciencia me ha acompañado durante estos veinte años de vida juntos. Te amo hasta la luna, dos vueltas y de regreso. ¡Eres el amor de mi vida!

Para mis hijos Nathan y Peter, ustedes son el regalo más valioso. Lo único que le pido a Dios, es que sean felices. Liz, eres como una hija para nosotros. Gracias por darnos una nieta tan hermosa. Para mi nieta Alaina, nunca olvides que nada es imposible para los que aman a Dios. ¡Sueña en grande!

A mis padres José y Juanita, gracias por modelar en mí, el trabajo duro y la generosidad, son valores que vivo día a día. No me alcanzaría la vida para recompensar todo su amor y sacrificios.

A mis hermanos Mary, Rigo, Ernesto, Fermín, Luis, Juan y Karla, gracias por su amor incondicional. Cada uno tiene un lugar especial en mi corazón y en mis oraciones.

A todos mis sobrinos y sobrinas, nunca olviden su valor y nunca renuncien a sus sueños.

A mis colegas de Vive Tu Propósito: Clarice Farina y Mariell Jordán, ustedes han sido fuente de gran inspiración para mí y muchas mujeres. Reciban todo mi cariño.

A ti que estás leyendo mis palabras, te agradezco por permitirme compartir contigo mis experiencias de vida. Mi deseo es que empieces a vivir una vida plena y que tu luz interior ilumine a todo el mundo.

Índice

Prólogo

Despierta y levántate, dos acciones que motivan a hacer algo grande. Esa es Estela, una mujer maravillosa y sencilla, que cuenta su historia para inspirarnos a vivir una vida plena: en cuerpo, mente, alma y espíritu. Nos presenta en este libro cómo integrar nuestra relación con Dios a través de la fe y el servicio. Será muy fácil que te identifiques con esta lectura por la sencillez empleada, pero a la vez, la profundidad de sentimientos y vivencias narradas de forma auténtica y profesional pueden hacer cambiar la forma de pensar de cualquiera que atienda a esta invitación.

Una de las cosas que más inspiran en esta obra es cómo Estela nos conecta con nuestra propia realidad, al reconocer nuestros valores y también nuestros errores. Impulsándonos a contar nuestra propia historia con valentía y fortaleza. Este libro resulta motivacional para muchos que aún están viviendo tiempos oscuros causados por la depresión, baja estima, decepción, o cualquier situación difícil en su vida matrimonial, familiar o laboral.

Me siento honrada de ser amiga de esta gran mujer. Al leer este libro, vas a llorar y a reír; aumentarás tu fe en Dios; serás mejor madre, esposa, amiga y cristiana. Encontrarás el camino de la sanación interior y algunas sugerencias de cómo salir de cualquier tiempo sombrío en tu vida. Hay una promesa de sanidad para cada uno, reconocerás tus dones para vivir un liderazgo auténtico dentro y fuera de la Iglesia.

Yo me identifico con muchas mujeres, esposas, madres y pastoras ordenadas al presbiterado, quienes ejercen un ministerio en el cual todavía la igualdad de derechos sigue siendo cuestionada. Es un gran placer exhibir un liderazgo femenino, incluso en las esferas sociales y religiosas.

Nací en un pequeño pueblo, en una familia funcional, en la cual lo principal era ir a la escuela, respetar a los adultos y ser buenos hermanos. Crecí arraigada a los valores morales y, sobre todo, dependiendo de Dios para todo. Como psicóloga y presbítera puedo decir con toda seguridad que, en un mundo donde la discriminación se expresa a través de privilegios y oportunidades para diferentes y selectos grupos o personas, ser una mujer líder no es tarea fácil. Sin embargo, si es parte de la promesa de Dios, será posible.

Este libro es un testimonio sincero y veraz sobre la capacidad milagrosa de la sanación. Te invito a leer sus palabras con el corazón y la mente abierta. Aquí encontrarás sólidas lecciones y reflexiones para convertirte en la persona que siempre has querido ser.

¡Hoy es el mejor día para vivir una vida plena! ¡Despierta y levántate!

Revda. Marivel Milien

Introducción

Son muchos los libros que han llegado a mis manos para transformar mi vida. Espero que este libro logre lo mismo contigo. Mi deseo más grande es impactar tu realidad y tocar tu corazón, aunque todavía no te conozca. Le he pedido a Dios por muchos años, que me convierta en un instrumento para ayudar a más personas a través de mi experiencia de vida, la cual he podido compartir con muchas mujeres. En las siguientes páginas, te comparto consejos y herramientas prácticas que me ayudaron a despertar y levantarme de la apatía para comenzar a vivir una vida plena.

Este libro nació en mi corazón hace trece años, cuando Dios me sanó de la depresión. Me sentía muerta en vida. Me levantaba cada día en automático, totalmente desconectada de mis emociones. Durante ese tiempo tan oscuro y doloroso, Dios me regaló esta cita bíblica:

"Yo he venido para que tengan vida, y para que la tengan en abundancia".
Juan 10:10.

En medio de mi angustia y desesperación, le pedí a Dios que hiciera realidad esa promesa en mi vida. Yo deseaba con todo mi corazón vivir plenamente. Le prometí a Dios que dedicaría toda mi vida a su servicio, si Él me devolvía los deseos de vivir. Y así fue, Dios realizó la obra de sanación que tanto anhelaba, a través de la terapia y la oración.

Cuando estaba deprimida hasta un día lluvioso tenía el poder de arruinar mi día. Pero ahora, encuentro la belleza en todo, cada día para mí es un regalo y una bendición. Hoy con alegría puedo decirte que estoy viviendo una vida plena y en abundancia, me siento más viva que nunca. Disfruto la vida a pesar de sus contradicciones y tropiezos. Soy capaz de amar y perdonar. Entiendo cabalmente que la vida es muy corta para no hacerlo. Trabajo con entera voluntad para cumplir todos mis sueños, a pesar de mis miedos.

Después de postergar los anhelos de mi corazón por más de veinte años, decidí finalmente dedicarme a lo que más me apasiona, el desarrollo personal y la psicología. He dedicado mis últimos años de mi vida a crear conciencia acerca de la importancia de cuidar nuestra salud integral: cuerpo, mente, alma y espíritu. Estas áreas de nuestra vida están interconectadas. Si no cuidamos cada una de ellas, como un efecto dominó, irán deteriorando nuestra salud física y mental, así como nuestras relaciones.

El dolor y las dificultades son inevitables en la vida, es por eso que debemos intencionalmente cultivar nuestro bienestar. Así, cuando se presenten los momentos de tribulaciones y crisis, no nos derrumbaremos, sino que podremos permanecer de pie. ¿Pero cómo podemos mantenernos de pie durante las crisis de la vida? La realidad es que se convierte en una tarea fácil cuando aprendemos a cultivar nuestro bienestar.

A continuación, te presento la Fórmula Para Vivir Una Vida Plena.

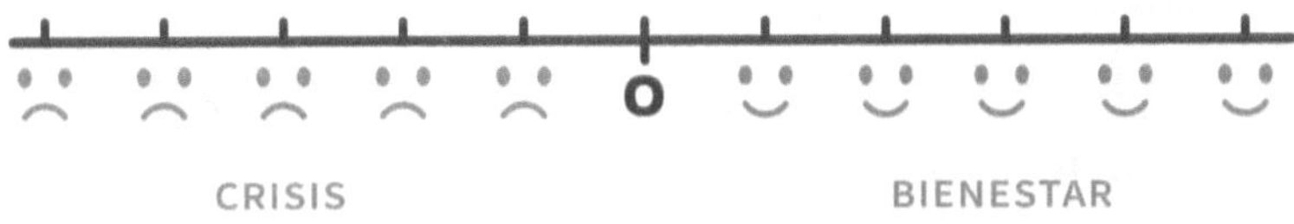

En esta tabla, el lado derecho representa todo lo que suma en tu vida. Son las acciones que tienen un impacto positivo, aquellas que producen bienestar, paz, armonía y energía. Son actividades, hábitos o acciones tales como: practicar el perdón y la fe, hacer ejercicio, una buena alimentación, descansar, cultivar buenas relaciones, sentir y luego dejar ir tus emociones, vivir con alegría y esperanza. Todas estas prácticas y acciones te van edificando y fortaleciendo. Te ayudan a seguir avanzando en la vida con paso firme.

En cambio, el lado izquierdo representa todo lo que resta en tu vida. Son las acciones que tienen un impacto negativo, o las situaciones que pueden crear una crisis en tu vida, como: la muerte repentina de un ser querido, las enfermedades, el estrés, el odio, la decepción, la frustración, el miedo y el fracaso. Este tipo de situaciones te hacen retroceder en la tabla. Sin embargo, si tú has trabajado lo suficiente de manera intencional para cultivar tu bienestar de una forma integral, las crisis te harán retroceder dos o tres pasos temporalmente, pero no lograrán derrumbarte.

¿Qué fue lo que me llevó a hundirme en una profunda depresión? Por una parte, yo desconocía la importancia del cuidado de la salud integral, cuerpo, mente, alma y espíritu. Pero lo que realmente detonó mi crisis emocional fueron mis heridas del pasado. Es por eso que enfatizo sobre la importancia de sanar el dolor, perdonar y soltar el pasado para poder comenzar a vivir una vida plena, convirtiéndola en la primera acción que debemos tomar para cultivar nuestro bienestar.

En la vida siempre van a existir factores internos y externos que nos afectan y nos hacen retroceder en la tabla. Pero conforme te vayas adentrando en la lectura, irás descubriendo el área específica en la que necesitas trabajar más. Las crisis nos hacen retroceder dos o tres pasos temporalmente, pero si las percibimos como oportunidades de crecimiento, nunca lograrán derrumbarnos por completo.

La fórmula para vivir una vida plena:

Cuerpo + Mente + Alma + Espíritu = Una vida plena.

Esta fórmula te invita a crear bienestar y armonía en todas las áreas de tu vida a través de la práctica diaria de buenos hábitos y acciones que producen salud integral.

Recuerda, nadie tiene la verdad absoluta, por eso te pido que leas este libro con un corazón abierto y dispuesto, pidiéndole a Dios que te ayude a reconocer las áreas de tu vida que necesitan un mayor cuidado y restauración. Solo Dios puede guiarte y mostrarte la verdad que necesitarás descubrir para transformar tu vida. Y como resultado de esta transformación tú también te conviertas en un agente multiplicador de su gracia, compartiendo con otras personas algunas de estas herramientas.

Cuando oramos, somos nosotros hablando con Dios, pero cuando leemos la biblia, es Dios hablando directamente a nuestro corazón. Es por eso que en este libro encontrarás citas bíblicas que reforzarán las historias y los conceptos que te comparto en cada capítulo; y a la misma vez, una oportunidad para profundizar en tu fe.

El libro está escrito de manera interactiva, con ejercicios que te ayudarán a exteriorizar y plasmar tus propias vivencias, porque tú eres el personaje principal. Tu historia tiene el poder de impactar muchas vidas. Puedes leerlo a solas o, mejor aún, puedes invitar a un grupo de personas y compartir juntos cada capítulo. El viaje de transformación siempre es mejor cuando se hace en comunidad. ¡Compártelo!

Comienza a vivir con plenitud hoy mismo, a pesar de las tribulaciones actuales y el dolor del pasado y empieza a crear la vida que siempre has anhelado con la ayuda de Dios, que te dice:

"Levántate, resplandece, porque ha llegado tu luz
y la gloria del Señor ha amanecido sobre ti".
Isaías 60:1

CAPÍTULO 1

Vive tu dolor

Reconoce tus heridas

"Una vida que no se examina, no merece ser vivida".
Sócrates

Solemos vivir a medias, entre pretensiones y mentiras. Quiero que pienses en las veces en las que tú o un niño han intentado sumergir una pelota de plástico en el agua. ¿Qué sucede? Es imposible que permanezca bajo del agua, ¿cierto? siempre intentará salir hacia la superficie. A los niños esto los hace reír. Juegan a esconder la pelota que, tarde o temprano, sale por sí misma. Lo mismo sucede con nuestro dolor. Queremos mostrar que no pasa nada y así tratamos de ocultar eventos dolorosos; acarreamos secretos que no compartimos ni con las personas que más amamos.

¿Qué fue lo que provocó tanto sufrimiento en nuestra vida? ¿Qué nos está convirtiendo en un niño terco y obstinado que quiere, por todos los medios, hacer que la pelota permanezca en el fondo?

Quizás el dolor se produjo durante años recientes de tu vida o, todo lo contrario, es el producto de experiencias del pasado. En cualquiera de estos casos, la mayor parte de las personas ni siquiera lo saben. No son conscientes de las heridas adquiridas a temprana edad. Todo aquello que está oculto nos mantiene encadenados, y aquello que desconocemos o ignoramos nos controla.

La palabra de Dios dice:

"Conocerán la verdad y la verdad
los hará libres".
Juan 8:32

Aunque nos cueste aceptarlo, esa pelota es nuestra y tratar de mantenerla sumergida, significa perpetuar nuestro sufrimiento. La pelota es nuestra responsabilidad. Este es el momento para dejarla salir a la superficie y observar. Hemos de examinar nuestro corazón y nuestros pensamientos para poder descubrir cuáles son los obstáculos que nos impiden vivir una vida plena. Descubrir lo que llevamos escondido dentro durante tanto tiempo puede dar miedo, pero si lo hacemos tendremos mucho que ganar, ganaremos una gran liberación interior.

Nos causa temor reconocer que fuimos heridos. Erróneamente creemos que nuestras heridas son sinónimo de debilidad. Encarar tu sufrimiento no debe ser exclusivamente el reconocimiento de los culpables. Reconocer tus heridas es volverse consciente del dolor que te impide ver y disfrutar de la infinita cantidad de bendiciones que te han sido entregadas.

Reconocer tus heridas significa sanar. Durante el proceso de sanación, es vital invitar a la luz del Espíritu Santo para que ilumine tu entendimiento y penetre hasta lo más profundo de tu corazón. Así sanarás tus heridas del pasado que lastiman tu presente e imposibilitan un futuro pleno.

Durante el proceso de sanación, es común esperar que los demás validen nuestro dolor. Imagínate, por fin lo dejaste salir a la superficie; finalmente lo puedes ver con todos sus colores y sus formas. Ya has descubierto que no eres débil por reconocer tus heridas. Por lo tanto, no puedes esperar que los demás invaliden tu sentir, y mucho menos que minimicen tus experiencias vividas. Las heridas no deben ser comparadas ni justificadas. Después de todo, no las podemos calificar por cómo fueron provocadas, sino por los impactos que han causado en la historia personal de cada uno.

Cada herida es única y válida. Cada quien reacciona según sus necesidades y perspectivas. Súbele al volumen de tu propia voz durante el proceso de sanación, escúchate con atención, evita juzgarte y hazte consciente de lo que está sucediendo en tu interior.

Yo crecí con fuertes carencias emocionales. Una de esas carencias fue la ausencia de mi papá. A lo largo de mis primeros 16 años de vida, lo vi 16 veces, por 30 días solamente. Él tuvo que emigrar a los Estados Unidos desde que yo nací. Mientras tanto mi madre se hizo cargo de mí y mis siete hermanos. Reconozco que mis padres hicieron lo mejor que pudieron con lo que tuvieron. Sin embargo, también tengo que reconocer que yo siempre me sentí invisible y triste.

La promesa de un futuro mejor siempre aguardó por nosotros, pero lo que yo más anhelaba era poder salir a caminar de la mano de mi padre, que me acompañara a la escuela, celebrar cumpleaños y navidades juntos. Momentos que se quedan en la memoria para siempre como cuando tu padre te enseña a montar en bicicleta. Mis amiguitos sí podían hacer todo esto y no reparaban en lo maravilloso que era, yo ansiaba tener los días que mis amiguitos tenían.

Me acostumbré a vivir con un vacío interno que solo el amor paterno, o posteriormente el amor propio, podría solucionar. Cuando quise llenar ese espacio dentro de mí, intenté hacerlo con las personas equivocadas.

Mi primer novio, era un excelente músico, compartíamos el gusto por la música. Para mí, él era una persona increíble. Y lo fue, pero increíblemente destructor. Me hizo creer que yo no poseía nada valioso y siempre dudó de mi potencial. Cuando le platiqué que quería tomar clases de música, se burló y me dijo que la música es un talento con el que se nace. Nunca fui suficiente para él. Pude haber terminado antes con aquella relación, pero me hizo creer que él era la única persona que podría quererme o interesarse en mí. Estas palabras retumbaban con tanta fuerza en mi mente que las adopté cómo verdad. Cada cosa que decía iba destruyendo mi autoestima impidiéndome ver mi propio valor. Fui abusada emocionalmente, convirtiéndome en una víctima sin darme cuenta. Ni las lágrimas ni las evidentes heridas sentimentales y profundas me hicieron percatarme.

¿Cómo podía sentirme valiosa si mi padre me había abandonado? Estas eran el tipo de interrogantes que mi primer novio plantó en mí. Desde mis primeros años de vida me conformé con sólo recibir migajas de amor, de cualquier persona. Incluso migajas provenientes de mí misma. El amor de un padre para una hija es su primer amor. Por eso es tan importante y juega un papel fundamental en la consolidación de la autoestima y la confianza de una niña.

No supe qué era sentirse amada o acompañada hasta que encontré al amor de mi vida, mi esposo. El amor incondicional de mi esposo me ayudó a llenar mis vacíos emocionales y a sentirme segura. Su amor y su oración me han sostenido no solo a lo largo de estos 20 años de matrimonio, sino también durante nuestras crisis y mi proceso de sanación.

Me convertí en mamá a mis 19 años. No negaré la dificultad que esto significó. En un pestañeo tuve que reemplazar mis estudios académicos por las responsabilidades propias de una madre y esposa. Pausé mis sueños, pues me correspondía construir un matrimonio y una familia. Sin embargo, edificar algo cuando los cimientos se tambalean, es muy complicado. Yo arrastraba un equipaje emocional que no me dejaba disfrutar de mis bendiciones ni de mi familia.

Sin haber sanado a mi niña interior, las heridas del pasado salían a la superficie como una docena de pelotas de plástico dentro de una alberca, gradualmente fui perdiendo la fuerza para seguirlas sumergiendo. Dejé de serme fiel, me dediqué a vivir para los demás y esto solo trajo un enorme sufrimiento a mi vida. Empecé a ponerme caretas de felicidad cuando en realidad no lo era. Esto me llevó a una profunda depresión. Poco a poco, comencé a hundirme en un hueco oscuro que yo misma cavé y del cual no poseía ningún tipo de control.

La niñez es una época de mucha inocencia y belleza, pero también de muchos peligros. En la mayoría de los casos, las heridas emocionales se provocan en esta etapa, porque somos más vulnerables e indefensos. Quizás tú experimentaste el dolor del abandono de tus padres. Tal vez te encomendaron con tus abuelos o con algún pariente cercano. En muchos casos, es posible que los que debieron cuidarte hayan abusado de ti, en cualquier forma, ya sea emocional, física o sexualmente. De pronto recibiste palabras hirientes que penetraron hasta lo más profundo de tu corazón. ¿Se te hace familiar alguna de estas frases? "Ojalá nunca hubieras nacido", "No sirves para nada", "Te odio", "Te desprecio". Son palabras dolorosas que le dan forma a nuestro mundo y a nuestra realidad. Son las bases para el amor que luego construimos. Si recibimos migajas, solo podemos entregar lo mismo de vuelta, hasta que tomemos la decisión de encarar nuestras heridas y sanar.

El dolor, tarde o temprano, llega a nuestra vida y lo hace de muchas formas y en diferentes etapas. Puede que se trate de la muerte de un ser querido, como la de un hijo. Su partida pudo traerte un enorme dolor, a tal punto que hubieses preferido morir junto con él o ella. El dolor es similar cuando perdemos a cualquiera de nuestros padres, en especial si teníamos más de 15 o 20 años sin verlos debido al estatus migratorio. ¿Te identificas con alguno de estos casos?

La raíz de tu dolor puede encontrarse también en una traición. Tu pareja de muchos años te engañó y te abandonó. Un socio o familiar "confiable" te traicionó y te robó. Otros lo han dejado todo, porque tuvieron que huir de la violencia e inseguridad de su país. Esta circunstancia los alejó de sus hijos, sin verlos crecer. En muchos casos, no logran sentirse parte del país al que emigran, no pueden ejercer su profesión y aceptan un trabajo que no les satisface, pero que les da de comer.

El dolor en nuestra vida nos impide vivir una vida plena. Las múltiples heridas emocionales nos pueden hacer olvidar nuestro propio valor. Hoy quiero recordarte que, a pesar de tus heridas, sigues siendo una perla preciosa. Recuerda que una perla preciosa es producto del dolor causado por un grano de arena que penetra al interior de la ostra y esta, como mecanismo de defensa, produce una sustancia llamada nácar que va cubriendo el grano de arena con múltiples capas hasta convertirla en una perla preciosa.

Las perlas preciosas se encuentran en lo profundo y oscuro del mar. Puede que hoy te sientas sumergido en la profundidad de un mar inmenso de dolor y soledad. Sin embargo, tú decides qué hacer con ese dolor. Puedes enterrarlo y pretender que nunca pasó, continuar en tu papel de víctima, correr el riesgo de llenarte de amargura hasta convertirte en el grano de arena que inflige dolor a otros o finalmente hacer algo diferente. ¿Dejarás pasar la oportunidad de convertirte en una perla preciosa?

¿Cuáles han sido esos granos de arena que te han herido? ¿Cuál es ese dolor del pasado o del presente que no te permite brillar, ver tu belleza y tu valor? El poder del autoconocimiento te ayudará a descubrir eso que necesitas sanar y soltar para convertirte en una perla preciosa. No permitas que aquello que tú desconoces controle tu vida. Reconocer nuestro dolor es la primera acción que debemos tomar para cultivar nuestro bienestar.

Acepta lo sucedido

Aunque te parezca injusto y por encima del dolor, es necesario aceptar lo sucedido para poder vivir una vida plena.

Aceptar no significa estar de acuerdo con lo que pasó, tampoco es resignarse o adoptar un papel de víctima. Aceptar implica sentir el dolor sin resistencia para descubrir el aprendizaje detrás de la experiencia vivida. Es construir una nueva historia y creer firmemente que nuestras heridas se transforman en herramientas que nos permiten ayudar a otros. Aceptar lo sucedido es reconocer que fuimos heridos, y atrevernos a decir con libertad y valentía: "Sí, yo fui abandonada; sí, yo fui abusada; sí, yo fui traicionada; y aunque eso formó parte de mí, me acepto".

Recuerdo muy bien la primera vez que acepté públicamente haber sufrido de depresión en las redes sociales. Sentí miedo y vergüenza al mismo tiempo. Yo creía, erróneamente, que mostrarme vulnerable ante los demás era signo de debilidad. Con sorpresa descubrí que, al mostrarme vulnerable, le estaba dando permiso y libertad a otras personas para que también lo hicieran. Empecé a recibir mensajes de personas contándome sus experiencias, algunas expresando que se sentían identificadas porque también habían pasado por lo mismo y otras sufrían los efectos de la depresión en ese momento.

Entre más rápido aceptes y abraces tu dolor, más pronto comenzará el proceso de sanación. Sólo entonces dejaremos de lastimar a aquellos que nos rodean, porque una persona que ha sido herida tiende a herir a los demás.

Al final del capítulo encontrarás algunas de las preguntas que me permitieron identificar mis heridas del pasado y que sirvieron de catalizadores en el proceso de hacerme consciente.

Voy a ser honesta contigo, quizás este ejercicio suponga una difícil tarea para ti y tal vez necesites ayuda adicional. Sin embargo, luego de haber superado el dolor con la ayuda de mentores, profesionales y haberlo transformado en una historia para impactar muchas vidas puedo decirte que valió el esfuerzo.

Reconocer que fuimos heridos no es de débiles. Todo lo contrario. Ser vulnerable requiere valentía. Este es tan solo el primer paso de tu proceso de sanación. Ahora comienza tu camino hacia la vida plena. Vale la pena que te des el tiempo para examinar tu corazón y sacar a luz todo aquello que te impide vivir plenamente. ¡Confía en el proceso!

Reemplaza el por qué por el para qué

Cuando estamos sumidos en el dolor es imposible pensar que hay un propósito mayor o divino para lo que estamos experimentando. Después de todo, estamos viendo el mundo desde una óptica de dolor y negatividad. La ley del enfoque nos dice, que donde pones el foco, pones toda tu energía. Por ejemplo, algo no te salió como lo planeabas y como resultado, empiezas a resaltar todo lo negativo en todas las áreas de tu vida. Por una cosa que salió mal, calificamos toda nuestra vida como un caos o un fracaso. Esa visión es destructiva y poco saludable.

Así mismo, cuando enfocamos toda nuestra energía en el por qué, es decir en la razón por la que esta herida fue generada en nosotros, somos arrastrados a un hoyo emocional oscuro y profundo. Si nuestra intención es encontrar respuestas a nuestras tragedias en este lugar, rápidamente nuestras preguntas se convierten en reclamos. Y la duda principal es: Dios, ¿por qué lo permitiste?

Sin embargo, quiero que reflexiones en qué pasaría si cambias el enfoque y en vez de preguntar "¿por qué lo permitiste?" preguntes "¿para qué lo permitiste?" Con esta interrogante, se abre un mundo de infinitas posibilidades para poder usar ese dolor como una oportunidad para bendecir a otros. Cuando le damos la libertad a Dios de usar nuestro dolor para un propósito mayor, se cumple lo que dice su palabra:

"Sabemos que Dios dispone todas las cosas para el bien de quienes lo aman, a los cuales él ha llamado de acuerdo con su propósito".
Romanos 8:28

En mi caso, Dios me estaba equipando para mi propósito. Su forma de hacerlo fue a través de la depresión. Nunca le pregunté a Dios el porqué, sino el para qué y más adelante, en mi oración, le preguntaba cómo podía ayudar a otros. Descubrí que no era la única mujer que sufría depresión en silencio. Así que creé un espacio con el fin de fomentar la salud mental a través de clases de zumba. En estas clases ejercitábamos el cuerpo, pero también cultivábamos la salud integral, abarcando el cuerpo, la mente, el alma y el espíritu. Bailábamos por 45 minutos y los últimos 15 minutos los dedicábamos a orar, meditar sobre algún tema y a hablar de los sentimientos y emociones.

Por medio de la depresión, tuve el privilegio de ver crecer a muchas mujeres en su fe y su liderazgo. Ahora tengo más empatía por aquellos que se encuentran en ese mismo hoyo oscuro que parece no tener salida, en el que yo también me encontraba. Desde entonces siento un deseo ardiente en mi corazón de ayudar a otras personas en su desarrollo personal. Es por eso que decidí regresar a la universidad para convertirme en terapeuta y adquirir más herramientas. Creo firmemente que somos sanados para sanar y transformados para transformar.

A continuación, te comparto dos historias inspiradoras en las que sus protagonistas sanaron el dolor y eligieron transformarlo en bendición para otros.

Lupita es una mujer que perdió a su esposo repentinamente. Tuvo que enfrentar el dolor de quedarse sola con sus tres hijos y al mismo tiempo, aprender a tomar las riendas del hogar, pues ella dependía económicamente de su marido. Un año después, una espada atravesó su corazón. Su hijo mayor se suicidó. Este dolor la llevó a reclamarle a Dios y a preguntarse por qué Él permitió que sucediera tanta desgracia. Antes de quitarse la vida, su hijo le dejó una carta en la que le pedía a toda la familia que buscaran a Dios. Gracias a esta consigna, ella inició su proceso de sanación. Reconoció su dolor, se rodeó de gente de fe que la sostuvo cuando ella se derrumbaba y entregó su vida por completo a Dios.

En la actualidad, facilita grupos pequeños de familiares y amigos, en los que se comparte la palabra de Dios. A través de reemplazar el por qué con el para qué, Lupita ha descubierto un nuevo propósito para su dolor. Con admiración, soy testigo de cómo ha encontrado nuevas oportunidades y posibilidades, donde el resto de la gente solo veía desafíos. Hoy es fuente de inspiración para aquellos que la rodean.

La historia de Lupita me recuerda a la historia de Job en la biblia. Job lo perdió todo, desde lo material hasta lo más valioso: sus hijos. Y como es de esperarse, Job estuvo tentado a renegar de la existencia de Dios, pero a pesar de las tribulaciones, él permaneció fiel. Al final, Dios premió su fidelidad restaurando su familia y bendiciéndole abundantemente.

Rosita, es una mujer que vivió violencia doméstica. Ella cuenta que recibió golpizas en tres ocasiones diferentes por parte de su esposo, en las que casi pierda la vida. Su vida se volvió una verdadera pesadilla por el abuso físico y emocional, pero sobre todo el verbal. Las palabras hirientes, destruyeron su autoestima por completo, tal vez una de las heridas menos evidentes.

Preocupada con la idea de que tal vez no sobreviviría a la próxima golpiza, Rosita decidió dejar a su esposo. Con el respaldo de Dios y el apoyo de su comunidad de fe, ella dejó de ser una víctima y se levantó como una guerrera victoriosa. Cuando experimentó el amor de Dios en plenitud, pudo recuperar su valor como mujer y encontró la fortaleza para seguir adelante con sus hijos. Ella decidió reemplazar el dolor y los porqués de su desgracia, por el para qué. Así descubrió que la temporada más dolorosa de su vida la había preparado para ayudar y acompañar a otras mujeres que, como ella, viven en miedo y desesperanza.

Lo que el enemigo usó para destruir a estas dos mujeres, Dios lo usó para glorificar su nombre, y así le dio un propósito mayor al dolor en sus vidas.

Las personas que han sanado su dolor y han decidido reemplazar el "¿por qué yo, Dios?" por el "¿para qué, Dios?"; están ahora al frente de algún movimiento, defendiendo una causa o trabajando en organizaciones de forma apasionada, con el fin de crear conciencia en los temas por los cuales fueron afectados. Decidieron despertar a una nueva realidad, convirtiéndose en instrumentos de bendición para quienes están viviendo la misma situación.

Otras condiciones como la adicción al juego, la pornografía, el alcoholismo y la drogadicción, pueden ser usadas por Dios para ayudarnos a sanar -si le pedimos ayuda- y restaurar nuestras vidas. Dios puede convertir tu debilidad en un testimonio poderoso que impacte positivamente la vida de muchas personas.

"Y Él me ha dicho: «Te basta Mi gracia, pues Mi poder se perfecciona en la debilidad». Por tanto, con muchísimo gusto me gloriaré más bien en mis debilidades, para que el poder de Cristo more en mí."
2 Corintios 12:9

Conozco a personas que ahora dedican su vida a crear conciencia en los jóvenes de su comunidad y su iglesia para prevenir que caigan en la trampa de las adicciones.

Despierta y Levántate.
Ejercicios para reflexionar

❧ Identifica una persona o situación que te haya causado profundo dolor. Luego escribe las emociones que experimentas al recordarlo:

____

____

____

____

❧ ¿De qué forma, las heridas del pasado, el dolor y la tristeza me han impedido vivir una vida plena?

____

____

____

____

❧ ¿Cómo afectan las heridas del pasado, el dolor y la tristeza, la manera en la que me relaciono con los demás?

____

____

____

____

Algunas preguntas que te ayudarán a darle un propósito mayor a tu dolor, para trascender del "¿por qué?" al "¿para qué?".

🌿 ¿Pasas más tiempo sumido en el dolor o en el aprendizaje que esta experiencia negativa te ha dejado? ¿Cuáles son los pensamientos negativos a los que tienes que renunciar?

____

____

____

____

🌿 ¿Qué pensamientos vienen a tu mente ante la posibilidad de que tu experiencia de vida podría ser fuente de inspiración y esperanza para otras personas?

____

____

____

____

El mundo es como lo quieres ver, aquello en lo que te enfocas persiste, aplica tanto en lo positivo como en lo negativo. El dolor no construye nada, pero la esperanza de escribir una nueva historia, sí.

CAPÍTULO 2

Vive el perdón

El perdón es un acto de valientes

"El débil nunca puede perdonar; el perdón
es un atributo de los valientes".
Mahatma Gandhi

Nelson Mandela fue condenado injustamente a 27 años de cárcel porque luchaba por una sociedad democrática en la cual todas las personas fueran libres, y gozarán de los mismos derechos y oportunidades. Al salir de la cárcel, la gente lo eligió presidente de Sudáfrica. Mandela logró que su pueblo cambiara la sed venganza por la reconciliación, a través del perdón.

"Las personas valientes no tienen miedo a perdonar
por el bien de la paz".
Nelson Mandela.

He conocido familias hermosas que están divididas por falta de perdón; pueblos enteros quedándose vacíos, al irse matando entre ellos; familias exterminadas por el odio y la venganza. El proceso del perdón requiere valentía, pero también un objetivo claro; recibir y promover la paz en nuestro interior y nuestro entorno.

El perdón genera paz, no solo para ti, sino para las siguientes generaciones.

Mi mamá era tan solo una niña cuando su madre, mi abuela, fue asesinada de la manera más cruel que te puedas imaginar. Vivió con dolor la imposibilidad de crecer con esa guía y disfrutar de su compañía. Perder a tu madre a tan corta edad es un hecho traumático. Frente a semejante hecho, la venganza y el rencor son respuestas esperadas.

A pesar de que mi madre nunca tuvo la oportunidad de ir terapia para gestionar todas esas emociones, Dios le regaló el don de la sabiduría. Ella decidió dejar su dolor en manos de Dios. Ni mi madre ni sus hermanos buscaron venganza. Tampoco sembraron en nosotros, los nietos, el odio o el resentimiento. Se necesita de una sola persona para comenzar una guerra sin cuartel y perpetuar la violencia de generación en generación, pero también se necesita de una sola persona que modele la paz para que los demás decidan transitar por el camino del perdón.

Si decides ser valiente y perdonar, estás asegurando la paz y la armonía para ti, y para toda tu familia. En el caso de Nelson Mandela, su valor al perdonar a sus ofensores trajo paz a un país entero.

El perdón es necesario para vivir una vida plena. Cuando inicié mi proceso de sanación, luego de hacer un recuento de las etapas de mi vida para descubrir las áreas en las que necesitaba practicar el perdón, llegó a mis manos un panfleto que mostraba cómo hacer una buena confesión. En ese momento comprendí que, además de perdonar tenía que rendir cuentas de mis propias faltas. Solo así podría restablecer mi comunión con Dios y aplicar su palabra:

"Y cuando estén orando, perdonen lo que tengan contra otro, para que también su Padre que está en el cielo les perdone a ustedes sus pecados".
Marcos 11:25.

El perdón se otorga, no porque la otra persona merece nuestro perdón, sino porque no queremos que nada obstaculice el canal de la gracia de Dios. Algunas personas me piden que ore e interceda por ellas y por sus necesidades, pues en muchos casos se sienten indignos de pedir algo a Dios por sí mismos, pero siempre les insisto en que también deben hacer su propia oración. Esta sensación de falta de merecimiento no proviene de Dios, sino que es producto de los sentimientos de odio y resentimiento que albergan las personas al haber sido ofendidas, o de la culpa y el remordimiento en caso de ser el ofensor.

En cualquiera de los casos, es importante acercarnos a Dios para pedirle que nos dé el don de perdonar y ser perdonados. Jesucristo es modelo por excelencia de otorgar el perdón a nuestros ofensores, porque aun estando colgado en la cruz oró diciendo: "Padre, perdónalos porque no saben lo que hacen". (Lucas 23:34).

A pesar de ser de la religión católica, yo no creía en la confesión. No consideraba necesario tener un intermediario para hablar con Dios ni recibir su perdón. Pero en mi proceso de sanación, estaba determinada a experimentar una verdadera transformación. Para lograrlo, tenía que atreverme a hacer lo que nunca había hecho. Después de unos días de preparación e introspección, fui a la iglesia y me confesé frente a un sacerdote.

No fue fácil. Se requiere valentía para aceptar ante otra persona tanto las faltas cometidas en tu contra, como las faltas propias. Las palabras tienen poder y crean realidades, es por eso, que la confesión ante un sacerdote es tan poderosa, pues resulta profundamente sanador escuchar en voz de otra persona palabras como: "Nada ni nadie te separará del amor de Dios. Tú y tus pecados han sido perdonados por la preciosa sangre de Jesucristo derramada en la cruz".

No puedo describir con palabras lo que experimenté en ese momento, fue poderoso y liberador. Lo que sí puedo decir, es que marcó un antes y un después en mi vida. Fue como si lo que me atormentaba perdiera el poder que tenía sobre mí al salir a la luz. Nació un profundo amor por mi Señor y Salvador Jesucristo, con quien decidí iniciar una relación personal desde entonces. Ya no sentía dolor, ni resentimientos, ni miedos.

Por primera vez pude sentir el gozo y la paz que solo Dios puede dar. En ese momento, recuperé mi verdadera identidad como hija de Dios, y pude experimentar su amor en plenitud. Vale el esfuerzo y todas las lágrimas atravesar este difícil y doloroso proceso. Vivir el perdón generó en mí bienestar integral y paz interior. Jamás había experimentado tanta felicidad conscientemente.

El perdón es un don que no siempre podemos otorgar con nuestras propias fuerzas. A veces, es necesario pedir ayuda del Espíritu Santo para que nos dé la gracia de perdonar por completo y de forma voluntaria. Así como Dios en su infinito amor y sin guardar registro de nuestras faltas nos concede el perdón en todo momento, de la misma forma debemos procurar perdonar a otros.

El amor de Dios nos permite perdonar. Pero ¿cómo hacerlo si lo que nos sucedió nos sigue pareciendo injusto? ¿Cómo perdonar cuando sentimos que el otro ni siquiera merece nuestro perdón? Por este tipo de dilemas existenciales es que el perdón se convierte en un regalo para nosotros mismos. La falta de perdón nos encadena y nos impide disfrutar del presente, es como si te tomaras un veneno pensando en que la sustancia dañará al otro, cuando la verdad es que al tomártelo eres tú quien saldrá lastimado.

Perdonar es liberarnos de esa percepción dolorosa, dándonos la oportunidad de aprender y resignificar nuestra historia. Tú, yo, todos, merecemos ser libres y felices.

La falta de perdón enferma

El odio y el rencor son emociones letales. Al experimentarlas, sientes que la sangre te hierve de rabia cada vez que revives el dolor de las experiencias del pasado. Estas emociones de ira y resentimiento pueden convertirse con el tiempo en enfermedades crónicas, como el cáncer. He conversado con varios enfermos de cáncer y la mayoría, desafortunadamente, tienen algo en común. El odio y el resentimiento se anidan en sus corazones por muchos años.

Louise Hay en su libro Sana tu Cuerpo, comparte su historia personal: "Consciente de que el cáncer proviene de una actitud de resentimiento muy hondo que se mantiene durante mucho tiempo hasta que literalmente corroe el cuerpo, sabía que tenía que hacer muchísimo trabajo mental". (1992, p.6)

A Louise Hay le diagnosticaron cáncer de vagina. No es extraño que la enfermedad se manifestara en la región vaginal, pues había sido violada y maltratada desde los cinco años de edad. Cuando el cáncer se manifestó, ya llevaba varios años como profesora de sanación. Por lo que ella estaba consciente de que ese momento se presentaba en su vida como una oportunidad para practicar, aplicar y demostrar lo que enseñaba a otros.

Comprendí que si me operaban para quitarme el cáncer y no quitaba la pauta mental que lo había creado, los médicos irían cortando trozos de Louise hasta que no hubiera más Louise que cortar. Si me hacían la operación y al mismo tiempo quitaba esa pauta mental que lo causaba, entonces no reaparecería el cáncer. Cuando el cáncer, o cualquier otra enfermedad, reaparece, no creo que se deba a que el médico «no quitó todo», sino más bien a que el paciente no ha hecho ningún cambio mental y por consiguiente vuelve a crear la misma enfermedad. También sabía que si conseguía eliminar la pauta mental que había creado el trastorno llamado cáncer, no tendría necesidad del médico. (op.cit, p.6)

Mi esposo es pastor de una iglesia. Juntos hemos tenido la oportunidad de acompañar a personas con enfermedades crónicas. Muchas de estas enfermedades, tienen su raíz en la falta de perdón. A lo largo de nuestro acompañamiento, hemos sido testigos de la sanación física y espiritual que las personas experimentan durante los retiros espirituales. El tema del perdón es uno de los principales.

Por medio de la oración profunda y la alabanza, el Espíritu Santo va llenando todo el lugar con su dulce presencia, trayendo sanación y reconciliación a todo aquel que abre su corazón. Podemos dar fe de cómo las personas que reciben el don de perdonar comienzan a experimentar una visible transformación. Son libres de amargura, odio y resentimiento, convirtiéndose en personas que irradian luz, paz y amor.

Las emociones positivas generan un sentido de bienestar integral y, como resultado, mejora la calidad de vida, duermen y comen mejor; paulatinamente dejan algunos medicamentos, e inclusive, en algunos casos, sanan de raíz algunas enfermedades crónicas. Nosotros consideramos estos resultados como un milagro de sanación física.

> Cuando acude a mí algún cliente, sé que por muy horrible que parezca la situación, si se está dispuesto a realizar el trabajo de liberar y perdonar, se puede curar prácticamente cualquier cosa. La palabra «incurable», que tanto atemoriza a muchas personas, en realidad sólo significa que ese trastorno en particular no se puede curar por métodos «externos» y que para efectuar la curación debemos «entrar dentro». (op.cit, p.6)

En este momento, deja que la luz de Cristo ilumine todas esas áreas de tu vida que necesitan reconciliación para que el poder de su amor te ayude a perdonar y sanar todo aquello que no te permite vivir una vida plena. Imagínate disfrutando, gozando y experimentando la vida que te mereces. Visualízate como esa persona feliz, equilibrada y en paz. Que tu sonrisa sea signo de dicha y bienestar y que tu forma de orar refleje tu amor y capacidad de perdón.

¡Confía en tu proceso! Hoy te invito a orar conmigo:

Yo __________ perdono a mis padres por todo lo que hicieron y no hicieron, consciente o inconscientemente. Perdono también las palabras hirientes, el vacío en mi corazón, el abandono y la falta de amor. Perdono a las personas que me hicieron daño y me marcaron para toda la vida, causando heridas profundas que me han traído tristeza, depresión, ataques de pánico, ansiedad, ira inexplicable, falta de deseos de vivir y baja autoestima. Acudo al poder y la gracia de Dios para que me ayude a perdonar a esa persona que me hirió, me maltrató, abusó de mí, me traicionó o me abandonó.

Me perdono a mí mismo/a, por los errores cometidos en el pasado, por no hablar con la verdad, por no denunciar las injusticias cometidas contra mí y contra otros, por quedarme en una relación tóxica, por intentar quitarme la vida, por practicar un aborto, porque no fui fiel a mis valores.

Recurro al Espíritu Santo de Jesucristo que murió en la cruz, quien experimentó el abandono, la traición y sufrió una muerte violenta e injusta, derramando hasta la última gota de su sangre. Jesucristo, conoces mi dolor y por eso pido tu ayuda.

Pido al Espíritu Santo que me dé el don de perdonar y ser perdonado/a. Humanamente soy incapaz de perdonar, porque mi naturaleza caída me lo impide, pero a través de esta oración, pido a Dios que en su gran misericordia me dé la gracia de perdonar, y la posibilidad de experimentar su amor incondicional que inunda todo mi ser, llena todos mis vacíos y sana todas mi heridas para que pueda ser libre de toda atadura que me impide vivir una vida plena y en abundancia.

Entrego mi vida a Dios por completo y empiezo a vivir de acuerdo a su voluntad. El amor de Dios y su gracia me son suficientes porque su amor incondicional se perfecciona en medio de mi debilidad. Yo sé que para ti no hay nada imposible. Yo creo mi Señor y salvador, pero aumenta mi fe.

Amén, Amén, Amén.

El antídoto para perdonar y sanar cualquier herida es el amor. Si deseamos empezar a vivir una vida plena, debemos caminar el camino del amor. Por eso la palabra de Dios nos dice:

"Pero a ustedes que me escuchan les digo: Amen a sus enemigos, hagan bien a quienes los odian, bendigan a quienes los maldicen, oren por quienes los insultan".
Lucas 6:27-28

El odio y el resentimiento traen muerte y destrucción a nuestras vidas. Es fácil amar a quienes nos aman, pero el verdadero reto es amar y perdonar a quienes nos han hecho daño, es por eso que necesitamos pedir la ayuda a Dios.

Suelta y deja el pasado atrás

Soltar y entregar el dolor en las manos de Dios, es un requisito para poder vivir una vida plena y al mismo tiempo, una muestra de cariño y amor hacia nosotros mismos.

Cuando te resistes a soltar el pasado, no puedes abrirte a nuevas posibilidades. Velo de la siguiente manera: soltar es como cuando limpias tu closet y te deshaces de las prendas que ya no necesitas. Al hacerlo, te queda espacio y ganchos disponibles para nuevos vestidos, sacos, pantalones, zapatos. Automáticamente se habilita la posibilidad de experimentar nuevas y mejores vivencias. Con el clóset lleno, no queda espacio para lo nuevo. Gastas tu energía buscando entre tu ropa vieja y revives la sensación de no sentirte a gusto o no encontrar qué ponerte con cada prenda. Quizá no puedas decidir tu vestimenta porque todo lo que ves te lastima, y te percibas como alguien lastimado.

Soltar el pasado implica abrir el puño de tu mano, extender los brazos y recibir las bendiciones que Dios nos ha reservado para a cada uno de nosotros.

"El que estaba sentado en el trono dijo: «Yo hago nuevas todas las cosas». Y también dijo: «Escribe, porque estas palabras son verdaderas y dignas de confianza»".
Apocalipsis 21:5

Aquello que no dejas ir, lo llevas contigo. Convirtiéndose en una carga pesada y lo que te pesa, te hunde. Dejar el pasado atrás es una manera de cerrar ciclos. Nos da la oportunidad de crear algo nuevo y nos invita a dejar de leer la misma página una y otra vez. Es comenzar a escribir la historia que sí quieres vivir y verte como sí te quieres ver. Decide soltar, perdonar y dejar ir. Llénate de nuevos colores, inspírate en tus fortalezas y dones. Aunque no puedes cambiar el pasado, sí puedes cocrear con Dios, un nuevo presente y un mejor futuro.

Cuando perdoné a mi padre por su ausencia y falta de amor durante mi niñez, fui capaz de reescribir una nueva historia. En el hogar donde fui criada no se demostraba jamás el afecto. Nunca vi a mis padres abrazarse o besarse. Tampoco recuerdo un "te amo" de ellos hacia mí o mis hermanos. A lo largo de los años entendí que tanto mi madre como mi padre nos amaban muchísimo, pero carecían de las formas de demostrarlo. Lo único que pudieron hacer fue repetir el mismo comportamiento aprendido de sus padres.

Quiero invitarte a que evalúes los paradigmas y patrones desde los que te has formado. Si cuentas con la disposición suficiente, siempre podrás reemplazar los modelos de aprendizaje que no funcionan. Atrévete a crear uno nuevo.

Yo me atreví. Decidí demostrar amor y afecto a mi familia de manera intencional, rompiendo con el paradigma familiar. Mis primeras acciones consistieron en despedirme de mis padres con un fuerte abrazo mientras les decía que los amaba.

Al principio mi padre no supo cómo reaccionar. Permaneció inmóvil, con los brazos pegados al cuerpo sin poder decir nada. Por otra parte, mis hermanos se burlaban de mí, haciendo referencia a que me despedía de ellos como si no los fuese a volver a ver, cuando la realidad era que vivíamos juntos y siempre regresaba a casa. —La vida es frágil. Nadie sabe si hoy será nuestro último día —solía contestarles. La resistencia continuó durante algún tiempo, pero yo seguía con los abrazos, las despedidas, los mensajes de texto, y las muestras de amor.

Después de un par de años, mi intencionalidad se volvió fructífera. Hoy somos una familia de abrazos largos y fuertes. Nos sentimos con la libertad y confianza de decirnos abiertamente que nos amamos. El nuevo paradigma hoy impera y ahora mis hijos y mis sobrinos son amorosos con sus parejas e hijos. Y es algo que comparto con mucho orgullo. Lo que más me sorprende es que hoy en día mi padre se despide de mí con un: "Te amo, mi princesa".

Soltar y dejar el pasado atrás es posible cuando lo haces desde el amor y con la bendición de Dios. A continuación, te comparto 3 consejos prácticos que me funcionaron para soltar y dejar el pasado atrás:

1. **Cuestiónate a ti mismo:** Pregúntate, ¿vale la pena vivir estancado en el pasado? Haz un recuento de tus últimos años, ¿te gustan los resultados obtenidos? Si no estás satisfecho, ¿qué esperas para hacer las cosas diferente? No somos responsables por lo que nos pasa, pero sí somos responsables por cómo reaccionamos ante esas circunstancias. Recuerda que somos arquitectos de nuestro propio destino.

2. **Renuncia a los recuerdos que te producen dolor:** El pasado no lo podemos cambiar, lo que sí podemos hacer es dejar de alimentar los pensamientos que te producen dolor. Intencionalmente reemplaza un pensamiento de dolor por otro que te produzca alegría. En el momento en el que te observes reviviendo el dolor del pasado, toma acción

reemplazando esa emoción de tristeza por una emoción de alegría, puedes apoyar este cambio de estado, subiendo el volumen de tu canción favorita y bailando hasta sudar.

3.   **Agradece la experiencia:** Cuando agradecemos aquello que vivimos, inclusive lo negativo, podemos vernos como estudiantes que superan grandes pruebas y dejamos de ser víctimas de nuestras circunstancias. Es hora de levantarte con más fuerza y sabiduría, lo que viviste no vino a destruirte.

Despierta y Levántate.
Ejercicios para reflexionar

Trae intencionalmente a tu mente y corazón todas aquellas personas o situaciones que te han causado dolor y completa las siguientes oraciones:

❋ Pido a Dios que me ayude a perdonar a___________
por____

____

____

❋ Pido a Dios que me ayude a perdonarme a mí misma por __

____

____

____

____

Doy libertad a Dios y a su Santo Espíritu para que sanen mis heridas del pasado a través de su infinito amor, el cual lo sana todo. Me abro a la posibilidad de usar esta experiencia dolorosa como herramienta para alcanzar mi propósito de vida

A continuación, te invito a escribir tu propia oración de perdón:

____

____

____

____

Acabas de hacer lo más difícil, porque el perdón es un acto de valientes. Quizás vas a tener que hacer este ejercicio continuamente hasta que el dolor y las cargas pesadas desaparezcan. Pero estoy muy segura de que hoy es tu día de victoria.

> *Celebra la obra de sanación que Dios*
> *está realizando en tu vida.*
> *¡La oración es poderosa! ¡Créelo!*

CAPÍTULO 3

Vive tu fe

Es cuestión de relación, no de religión

*"Tú nos has creado para ti, y nuestro corazón
no está quieto hasta que descanse en ti".*
San Agustín

Por muchos años, yo viví mi fe más por tradición que por devoción, ya que no tenía una relación personal de amor con Dios. En mis años de juventud participé en un grupo juvenil, allí conocí a mi esposo quien sí tenía una relación con Dios.

Me gustaba la convivencia con los jóvenes, organizar eventos, cantar en el coro y participar activamente, pero el resto de la semana Dios no estaba presente en mi vida. Cuando abría los ojos cada mañana antes de iniciar el día, mi primer pensamiento no era de agradecimiento, tampoco pedía su sabiduría y discernimiento para tomar decisiones; mucho menos destinaba tiempo para orar a solas. Es increíble relatarlo, pero a pesar de que mi marido es un sacerdote de la Iglesia Episcopal y yo lo acompañaba a todas las actividades, mi corazón estaba muy alejado de Dios. ¿Te has sentido así?

Hay una expresión popular que dice: "No porque estés parado mucho tiempo en un garaje, te conviertes en un carro. Ni tampoco por estar en una iglesia, te conviertes en cristiano". Para desarrollar una relación personal con Dios no es suficiente con ir a la iglesia, necesitas depender de su providencia y entregarle tu vida y tu corazón con sincera devoción. No se trata de sacar a Dios de la cajita solamente los domingos o en casos de emergencia.

Es a través de un encuentro personal y transformador con Jesús, que recibimos el regalo de la fe que mueve montañas y el don de su Espíritu Santo. Su amor infinito nos capacita para amar como Él nos ama, nos lleva a reconocer nuestra verdadera identidad como sus hijos y nos invita a vivir plenamente. El deseo de Dios es que vuelvas a Él y permanezcas en Él.

"Si ustedes permanecen unidos a mí, y si permanecen fieles a mis enseñanzas, pidan lo que quieran y se les dará"
Juan 15:7.

Cuando permanecemos en su amor, Dios recompensa nuestra fidelidad, proveyendo toda clase de bendiciones. Cuando experimentamos su amor, nuestras heridas sanan y los vacíos de nuestro corazón son llenados. Algunas veces los encuentros con Dios pueden ser sutiles y en ocasiones se visten de tribulaciones y pruebas. Cuando tuve mi encuentro personal con Jesús, pude experimentar su amor incondicional, dando fe de su palabra que dice:

"Dios amó tanto al mundo, que dio a su Hijo único, para que todo aquel que cree en él no muera, sino que tenga vida eterna".
Juan 3:16.

Yo había leído muchas veces esa cita bíblica, pero recuerdo que aquel día realmente la hice mía. Jesucristo entregó su vida y derramó su sangre, hasta la última gota, por mí y por el perdón de mis pecados. Nunca me había sentido tan amada, como aquella vez que descubrí que alguien estuvo dispuesto a morir para que yo me salvara. Especialmente durante ese tiempo en el que ni yo misma podía amarme, fue realmente transformador. La buena noticia es que ese mismo sacrificio de amor que Jesucristo realizó por mí, también fue por ti.

Dios te ama con profundo amor, créelo. Siente ese milagroso acto de amor y su voluntad. ¿Puedes creer en la voluntad de Jesucristo? Creer es difícil cuando no se tiene fe.

"Jesús le dijo: —¿Cómo que "si puedes"?
¡Todo es posible para el que cree!".
Marcos 9:23.

Debemos pedir a Dios en nuestra oración diaria que aumente nuestra fe. La fe abre puertas y ventanas de oportunidades, haciendo posible lo imposible. Al tener fe sabemos que no caminamos solos y que, con nosotros, llevamos una gracia especial que nos favorece y nos bendice en todo momento. Quizás, hasta hoy, has estado viviendo una vida en la cual Dios no es el centro. Tal vez dependes de tus propias fuerzas para resolver tus problemas, y de tus conocimientos para alcanzar tus metas. Te invito a dar un paso de fe para que recibas la fuerza del Espíritu Santo en tu corazón. Si Dios ya es el centro de tu vida, te invito a renovar tu entrega una vez más a través de esta poderosa oración:

Señor Jesús, te pido perdón por mis pecados.
Creo que tú moriste en la cruz por mí, porque me amas.
Por favor sana mi corazón y límpiame de mi maldad.
Hoy me entrego a ti y te acepto como mi Salvador.
Quiero que seas el centro de mi vida.
Quiero recibir tu amor y
el poder del Espíritu Santo en plenitud.
Deseo amarte y servirte todos los días de mi vida.
Amén.

Quizás en tu familia solamente tú eres creyente, pero no te desesperes. Recuerda que nuestro trabajo es sembrar la semilla de la fe, sin embargo, es Dios quien la hace crecer. No trates de forzar la creencia de los demás. La fe crece al establecer una relación personal con Dios. Mientras tanto, la mejor manera de dar testimonio a una persona que aún no cree es a través del amor.

En ocasiones, nosotros vivimos y actuamos de manera contraria al amor. Cada vez que creamos divisiones, envidias y peleas, no estamos demostrando que Dios es amor. Por estas acciones es que muchas personas no quieren escuchar sobre Él. Si nosotros, como sus hijas e hijos no vivimos y practicamos lo que enseñamos, ¿por qué los demás querrían escucharnos?

Quiero recalcar que una persona de fe no es sinónimo de perfección. Sin embargo, es una persona que acepta sus errores y pide perdón con el deseo de enmendar sus faltas. Es una persona humilde y con una voluntad de seguir los pasos del maestro Jesús.

Vivir nuestra fe es transitar por el camino del amor, es un estandarte que nos permite ser congruentes en palabras y acciones. Como hijos de Dios, estamos convencidos de que, en la medida en que nos mantengamos conectados a la fuente divina, iremos desbloqueando los dones y virtudes que nos ayudarán a vivir en amor y plenitud.

Yo vivo mi fe a través de la oración diaria. Esta práctica espiritual le otorga un sentido más profundo y significativo a mis días. Mi oración no se limita al inicio del día, sino que conforme voy enfrentando desafíos a lo largo de este, sigo pidiendo la ayuda y guía del Espíritu Santo. Por ejemplo, cuando pierdo la paciencia con mis hijos, cuando estoy a punto de presentar un examen en la universidad, cuando voy a una entrevista. En estas y otras ocasiones me encomiendo a Dios para que ponga las palabras adecuadas en mi boca, y me convierta en un instrumento de su amor.

Para mí, la oración ya no es solo una práctica espiritual, se ha convertido en una conversación continua, un estilo de vida. Algunas personas logran conectar con Dios a través de la meditación y la naturaleza. Si esto les funciona, está bien. Dios también está en el silencio de la meditación y en la hermosura de la naturaleza. Cuando observamos el misterio de la creación del universo, la profundidad del mar, y las incontables especies que habitan en el cielo y la tierra, nos queda muy claro que existe un ser supremo y omnipotente. El autor de tan majestuosa obra es Dios y admirar su creación nos lleva a, irremediablemente, pensar en Él y reconocerlo.

Beneficios de vivir tu fe

Vivir tu fe te ayuda a descubrir que el paso por este mundo es pasajero. El Espíritu Santo te va revelando aquello que es más importante y valioso en tu vida. ¿Recuerdas mi relato sobre las despedidas con un "te amo" que logré instaurar en mi familia en el capítulo anterior? La vida es corta y muy frágil. Abraza y ama a tus seres queridos. Nadie tiene la seguridad de que, al salir de tu casa, regrese con vida. No vale la pena vivir enojados o estar molestos con alguien. No te enganches con las cosas negativas. Mejor enfócate en todo lo positivo porque donde enfocamos nuestra atención esta se amplifica.

Vivir tu fe, te trae paz y esperanza. En medio de las dificultades, humanamente somos incapaces de solucionar nuestros propios problemas. Saber que no estamos solos, y que podemos descansar en paz y confianza al final de la noche, es posible cuando contamos con la certeza de que el creador del enigmático universo también cuida de nosotros. Esta sensación es sumamente liberadora y reconfortante.

Vivir tu fe, te ayuda a enfrentar tus miedos con valentía. Así como lo hizo David frente a Goliat, la fe nos ayuda a enfrentarnos a los gigantes de nuestra vida. Ser valientes no quiere decir que no tengamos miedo. Al contrario, quiere decir que vamos por la vida con la confianza y el conocimiento de que, en nuestras luchas espirituales, Dios nos dará la victoria.

Vivir tu fe, provoca milagros. Cuando dependemos del favor de Dios y su providencia todos los días de nuestra vida, milagros suceden. Aun en medio de la crisis, cuando oras y confías, los milagros suceden.

"La fe es la certeza de lo que se espera y la convicción de lo que no se ve".
Hebreos 11:1.

La fe implica creer y confiar sin dudar. Los verdaderos milagros suceden en la cotidianidad de la vida, y siempre para aquellos que deciden creer, esperar y buscar su milagro. Así que te invito a vivir tu fe para que puedas enfrentar todos los obstáculos de la vida. Haciendo todo lo humanamente posible y dejando lo imposible para Dios. De nada sirve que tú y yo sepamos que existe un Dios si no lo buscamos intencionalmente cada día.

- "Tú crees que hay un solo Dios, y en esto haces bien; pero los demonios también lo creen, y tiemblan de miedo" ***Santiago 2:19.***

Cuando le crees a Dios y buscas estar en su presencia, se desata un poder extraordinario para tu vida. Verás cómo la mano de Dios te guía y te fortalece, como sus hijos e hijas gozamos de su gracia y su favor. Pero cuando no lo buscamos, es como si tuvieras un millón de dólares en el banco sin poder usarlos.

Que tu primer pensamiento sea para agradecer a Dios por un nuevo día. Busca tener un momento a solas con Él, cuéntale como a un amigo todo lo que hay en tu corazón. De eso se trata la oración, es una comunicación directa y continua.

Jesucristo es el mejor modelo de oración para nosotros. Él, siendo el hijo de Dios, oraba de madrugada y durante el día. Se apartaba de sus ocupaciones para hablar con su padre. Cuánto más nosotros, que somos por naturaleza débiles, necesitamos pasar tiempo en intimidad con Dios, para recibir fortaleza, sabiduría y dirección. El Padre Nuestro modela elementos que pueden enriquecer tu oración. Te menciono algunos a continuación:

- Dirígete a Dios con una confianza de hijo: "Padre nuestro que estás en el cielo". El Espíritu Santo nos lleva a dirigirnos a Dios con amor y ternura: Abba significa en hebreo Padre.

- Reconoce la grandeza de Dios con palabras de adoración y alabanza: "Santificado sea tu nombre". En Hechos 4:24, Pedro y Juan oraron así: "Señor, tú que hiciste el cielo, la tierra, el mar y todo lo que hay en ellos". Cuando adoramos la grandeza de Dios y reconocemos su señorío, nuestros problemas disminuyen su magnitud.

- Confiesa tus pecados: "Perdona nuestros pecados como también nosotros perdonamos a quienes nos ofenden". Para que nuestra oración sea escuchada es importante limpiar los canales de la gracia, reconociéndonos pecadores.

- Presenta tus peticiones e intercede por otros: "Danos hoy nuestro pan de cada día, no nos dejes caer en la tentación, y líbranos del mal". Dios en su amor y su providencia desea que le presentemos nuestras necesidades y dependamos de Él a diario.

- Agradece a Dios y cree que ya recibiste lo que pediste: Creo firmemente que un corazón agradecido siempre recibe más. Por fe, creemos que nuestra oración ya fue escuchada y será respondida de acuerdo con la perfecta voluntad de Dios. Por eso terminamos la oración diciendo: Amén, que significa "así sea".

Las pruebas aumentan tu fe

Todo lo que vivimos, incluso lo negativo, es usado por Dios para atraernos a Él, con cuerdas de amor. Con el único objetivo de cumplir en ti, un propósito divino. Aunque a veces hacemos oídos sordos a su invitación, Dios nunca renuncia a sus hijos e hijas. Él es un Dios de amor y de oportunidades.

Recuerdo cómo a lo largo de mi vida, Dios me buscó y llamó mi atención a través de tribulaciones. La primera vez fue cuando tuve que pasar una semana en cuidados intensivos por una infección en la sangre. Mi hijo Peter tenía solamente 3 meses de nacido y yo lo estaba amamantando. Mientras me debatía entre la vida y la muerte, mi hijito que permanecía en casa se deshidrataba porque se rehusaba a tomar la leche de la botella. Los doctores me decían que no podía amamantarlo, porque todos los antibióticos que me estaban suministrando lo podían afectar. Yo decidí confiar en mi intuición, y luego de pedir a Dios que cuidara de él, lo amamanté. Fueron momentos de verdadera angustia y de zozobra, pero también de toma de acción y voluntad. Milagrosamente Dios preservó mi vida y pude regresar a mi casa con mi familia.

Ese mismo año, mi esposo tuvo un accidente automovilístico. Perdió el control del auto en el que viajaba durante una fuerte nevada. Las calles estaban muy resbaladizas e impactó de frente a otro carro. Dios lo mantuvo con vida, pero durante el accidente, su rodilla se salió de lugar y tuvieron que hacerle una cirugía. El proceso de rehabilitación y recuperación de mi esposo fue muy largo y doloroso, tanto para él como para mí. Pasé de cuidar dos niños pequeños a cuidar dos niños pequeños más un adulto convaleciente, porque tuve que asistirle con sus terapias y cuidados prácticamente las veinticuatro horas del día. En ocasiones, me sentía tan cansada y abrumada, que solo me tiraba al piso a llorar. ¡Cuántas veces le pedí a Dios fortaleza para continuar! Por la misericordia de Dios, mi esposo se recuperó y sanó.

¿Puedes creer que, aun así, mi corazón todavía no le pertenecía completamente a Dios? Dios siempre estuvo ahí para mí cuando yo lo busqué. Sin embargo, cuando las pruebas y dificultades se disipaban, yo dejaba de buscarlo con tanta insistencia. Incluso hasta me olvidaba de Él. Me acostumbré a utilizarlo como una cajita de primeros auxilios que solo acaba en casos de emergencia.

¿Te ha pasado esto en algún momento de tu vida? ¿Aún lo sigues haciendo? Si es así, déjame decirte que Dios es un Dios de oportunidades y nunca renuncia a nosotros, sus hijos. Hoy, puede ser un buen día para que comiences a buscar a Dios fielmente.

Pocos años después de lo ocurrido, sufrí una profunda depresión que casi destruye mi matrimonio, mi familia y hasta mi propia vida. Te confieso que en varias ocasiones contemplé el suicidio. Perdí el deseo de vivir y me sentía como muerta en vida. Despreciaba y no valoraba mi propia vida, porque solía cuestionar mis habilidades, mis talentos y mis capacidades. Sentía que ya no merecía estar aquí.

No fui capaz de reconocer las bendiciones en mi vida. Mucha gente me desconoció y creyó que me estaba volviendo loca. Recuerdo aquellas frases que me cuestionaban: "¿Cómo puedes estar deprimida si tienes todo para ser feliz?" Es cierto. Yo tenía un buen esposo, un par de hijos sanos y hermosos. Ni yo misma entendía lo que me estaba sucediendo. No podía explicar por qué me sentía tan vacía y perdida. Cuando perdí mi fuerza de voluntad, reconocí que yo sola no iba a poder salir de ese hoyo profundo y oscuro. Yo no contaba con herramientas suficientes, o al menos no las veía, para acabar con mi depresión. En mi desesperación me arrodillé y aclamé a Dios: "¡Tú que tienes el poder de partir el mar rojo en dos y levantar a Lázaro de la muerte, tienes el poder para sanarme de esta depresión!". Abrí la Biblia en el pasaje de Juan 10:10: "… Pero yo he venido para que tengan vida y para que la tengan en abundancia".

Le pedí que hiciera realidad esa cita bíblica en mi vida. Yo quería despertar a una vida abundante y levantarme para vivir plenamente. Le prometí que, si Él me sanaba, yo le serviría todos los días de mi vida y daría testimonio de su poder... Y así fue. Porque Dios es bueno y fiel, recibí la sanación espiritual que tanto anhelaba.

Hoy puedo dar testimonio de mi fe por el milagro que Dios obró en mí. Si mi oración fue respondida, estoy segura de que también puede responder la tuya. Quién iba a decir que esta etapa tan oscura sería el instrumento que Dios usaría para que yo fortaleciera mi fe y le entregara mi vida por completo. Él pasó de ser mi último recurso, a convertirse en el centro de mi vida, mi norte y mi sur, mi amigo fiel, mi proveedor, mi Salvador, mi todo.

Dios también usó la terapia como un instrumento de sanación. En terapia adquirí herramientas que ahora utilizo para ayudar a otros. Algunas de estas herramientas son el autoconocimiento, la gestión de emociones, y el cuidado de la salud integral, es decir, cuerpo, mente, alma y espíritu. Todas me ayudaron a tomar el control de mi vida y de mis emociones, dejando atrás mi papel de víctima.

Pude reafirmar que la vida no es fácil, pero descubrí que, con la ayuda de Dios y las herramientas adecuadas, podremos perseverar en el camino a pesar de los obstáculos. Porque vivir plenamente no significa vivir sin dolor o sin dificultades, sino confiar en Dios y en mis habilidades para resolver cualquier desafío que pueda presentarse. Vivir plenamente significa que hago las paces con mis emociones, vivo despierta y disfruto de la sencillez de la vida.

Descubrir el regalo de la fe, ha sido un tesoro preciado y muy valioso. Aunque comenzó como un grano de mostaza, se ha ido acrecentando a través de mis peticiones respondidas. Sin embargo, mi fe ha madurado al aceptar la perfecta voluntad de Dios cuando mis oraciones no son contestadas. He aprendido que a Dios no se le da instrucciones. Sin importar la tormenta que esté atravesando, confío plenamente en su poder, misericordia y su santísima voluntad. Ahora mi vida depende totalmente de Dios. He visto su mano amorosa en todas las cosas y su fidelidad me ha acompañado en cada prueba. Mi encuentro con Dios marcó un antes y un después en mi vida. Yo también, al igual que Job, puedo decir:

> *"Hasta ahora, sólo de oídas te conocía,*
> *pero ahora te veo con mis propios ojos"*
> ***Job 42:5.***

Estoy tan agradecida con Dios, que no quiero hacer otra cosa más que servirle y hablar a otros de su amor y poder. Mi deseo al compartir mi historia es traer esperanza a las personas que, quizás, se encuentran viviendo la misma situación. Si tú eres una de ellas, quiero que sepas que el dolor en tu vida no ha venido a destruirte, sino a equiparte para tu propósito o servir a un propósito mayor. Cuando hablo de tu propósito, no solamente me refiero a aquello que te gusta o te apasiona. Intenta conectarlo también con tu dolor más profundo.

"Señor, tú cumplirás lo que has prometido hacer para mí. Señor, tu fiel amor es para siempre; por eso sé que no abandonarás a quienes tú mismo creaste"
Salmo 138:8.

Dios realiza los milagros para acrecentar tu fe y la de aquellos que son testigos del milagro. Recuerdo el caso de una esposa que oraba continuamente para que su esposo la acompañara a la iglesia. Él era un buen hombre, padre de familia, honrado y trabajador, pero un día cometió una infracción de tránsito y fue detenido por la policía. Cuando el policía lo detuvo y pidió sus documentos, se dio cuenta de que esta persona no tenía documentos legales para vivir en el país. Así que, sin derecho a un abogado, el hombre fue arrestado y lo hicieron firmar su carta de deportación.

Inmediatamente la esposa llamó a la iglesia para pedir oración. Pasaron algunas semanas antes de que llegara el día de la deportación. Mientras tanto, nosotros seguíamos orando e intercediendo. Le pedimos con fervor un milagro a Dios. El día de la deportación, el hombre ya estaba formado en la fila para subir al autobús y cuando llegó su turno, el oficial de inmigración le dijo: "No, tu nombre no está en la lista. Los cargos fueron levantados". Por lo que regresó a casa con su familia. Fue un milagro. Aquel buen hombre, sin papeles ni derecho a un abogado, fue protegido por el mejor de los defensores. Desde ese día, aquel hijo de Dios volvió a la Iglesia. El esposo de esta mujer de fe hoy dedica su vida entera al servicio de Dios. A ti también te invito a que animes a otros a cultivar su fe, si has sido testigo del poder de Dios.

A este tipo de milagros me refiero cuando digo que Dios utiliza nuestras dificultades como una oportunidad para mostrar su poder. Él actúa de formas sorprendentes para nuestro beneficio y el de aquellos que fueron testigos del milagro. No te avergüences de tu historia, jamás. Por el contrario, comparte tu testimonio, así como los milagros y maravillas que Dios ha hecho por ti. Estoy segura de que allá afuera hay alguien que necesita escuchar tu historia.

Las personas que están a nuestro alrededor necesitan escuchar, ver, palpar y atender con todos sus sentidos el llamado del Señor. El mundo necesita recibir las buenas nuevas de la fe, hoy más que nunca. Compártelas donde quiera que Dios te haya puesto, con tu familia, en tu trabajo, en tu escuela. Cuando sea necesario y tengas la oportunidad, no te avergüences, da testimonio de tu fe. Ya que, si nosotros amamos a Dios, necesitamos contar las maravillas que Él ha hecho en nuestras vidas.

> *"Oh Señor, quiero alabarte con todo el corazón*
> *y contar tus muchas maravillas."*
> **Salmo 9:1**

Despierta y Levántate.
Ejercicios para reflexionar

❧ Y tú, ¿ya has tenido un encuentro personal con Jesucristo? Describe brevemente cómo fue ese encuentro.

____

____

____

____

❧ Si todavía no has tenido un encuentro personal con Jesucristo, identifica qué es eso que no te permite entregar tu vida totalmente a Dios.

____

____

____

____

❧ ¿Puedes hacer un recuento de tus milagros o situaciones en las que has podido ver la mano de Dios en tu vida?

____

____

____

____

En cada prueba superada hay un aprendizaje que transformará tu propia vida. Nunca olvides que estas dificultades serán usadas para inspirar e impactar la vida de muchas personas.

¡Esfuérzate y sé valiente! No veas tus retos y tribulaciones como una desventaja, al contrario, abrázalas y levántate.

CAPÍTULO 4

Vive saludable

Mente sana, cuerpo sano

*"La mente tranquila aporta fortaleza interna y confianza
en uno mismo, por lo que es muy importante
para una buena salud".*
Dalai Lama

De nada nos sirve llevar una alimentación balanceada y natural con una rígida rutina de ejercicios, si nuestra mente está desnutrida y la alimentamos con sentimientos y pensamientos tóxicos. Las emociones y los sentimientos afectan nuestras acciones y decisiones, así como nuestra salud física. Cuando unimos el cuidado de la mente y el cuerpo, obtenemos el bienestar integral que nos permite disfrutar de una vida plena.

*"El corazón gozoso alegra el rostro, pero en la tristeza
del corazón se quebranta el espíritu. El corazón inteligente
busca conocimiento, más la boca de los necios se alimenta
de necedades"*
Proverbios 15:13-14.

Los pensamientos se convierten en emociones y las emociones generan una respuesta que afecta nuestro comportamiento. Consecuentemente, nuestros comportamientos afectan la calidad de nuestros resultados.

Para gestionar de una manera sana nuestras emociones, es preciso aprender acerca de la inteligencia emocional. En 1995, el psicólogo estadounidense Daniel Goleman se refirió a esta inteligencia como "la capacidad humana de sentir, entender, controlar y modificar estados emocionales en uno mismo y en los demás".

La Inteligencia emocional no es ahogar las emociones, sino dirigirlas y equilibrarlas. Este tipo de inteligencia no tiene nada que ver con la educación de una persona, porque se puede tener múltiples títulos y ser sumamente brillante e inteligente, pero esto no es garantía de contar con un manejo de las emociones propias ni de la de los demás. Es imposible evadir las emociones, de manera que de la elección de nuestros pensamientos dependerá nuestra calidad de vida. Las emociones más antiguas que experimentamos los seres humanos son el miedo, la ira, la alegría, la tristeza, el asco y la sorpresa. Estas seis emociones dan origen a los sentimientos. (Goleman, 2013)

Entonces, ¿cuál es la diferencia entre emoción y sentimiento? La respuesta es la duración. Comparemos la tristeza como una emoción y un sentimiento en la misma situación para ver la diferencia:

- **La tristeza como emoción es pasajera:** por ejemplo, te enteras de que no fuiste seleccionado como ganador de un concurso. Te da tristeza en el momento, porque te habías preparado por muchos meses y tenías muchas ilusiones de resultar ganador. Pero después recuerdas que la clave del éxito es la perseverancia, así que decides intentarlo una vez más el siguiente año.

- **La tristeza como sentimiento permanece semanas y hasta meses:** por ejemplo, te enteras de que no fuiste seleccionado como ganador de un concurso y te consideras un perdedor. Te juzgas diciendo: "No soy suficiente", "Los demás son mejores que yo", "La gente se burlará de mí", "No nací para esto", "¿Para qué intentarlo el año siguiente? Seguro perderé otra vez", "No tengo ninguna oportunidad".

¿Eres consciente de las diferencias? El único diferenciador es la duración. La tristeza prolongada puede convertirse en una enfermedad mental, como la depresión.

Durante el tiempo que tuve depresión, se vieron afectadas tanto mis relaciones como mi salud física. Hay gente que, cuando está deprimida, come en exceso. En mi caso, yo no comía porque no sentía hambre. El solo hecho de ver la comida me provocaba asco. Mi diálogo interno y mis pensamientos eran destructivos. Llegué a menospreciar mi cuerpo. Al verme en el espejo, me veía más gorda de lo que en realidad era. Fui perdiendo peso rápidamente, pasé de una talla 8 a talla 0. Mi depresión se convirtió en un trastorno alimenticio que afectó mi salud. También desarrollé problemas estomacales como gastritis, úlceras y colitis nerviosa.

Cosechamos lo que cultivamos. Si siembras pensamientos de amargura y dolor, eso mismo obtendrás como fruto. Debemos sembrar nuestros pensamientos en tierra fértil para conseguir buenos frutos y resultados positivos. La tierra fértil es nuestra mente, ¿qué estás sembrando en ella? La calidad de nuestros pensamientos determina nuestra salud. Durante el día podemos generar más de 60,000 pensamientos y la mayoría de estos son negativos, repetitivos y del pasado. Los pensamientos negativos afectan la salud mental, destruyen la autoestima y fomentan la ansiedad.

Es importante convertirnos en buenos porteros. En el fútbol y otros deportes de pelota, el jugador que se coloca en la portería tiene la importante misión de detener todos los lanzamientos efectuados por el equipo contrario. La mente es el campo de juego, los pensamientos son las pelotas y nosotros, los porteros. Nuestro trabajo será decidir qué pensamientos dejaremos entrar a la portería y cuáles desecharemos. Crear un filtro para tus pensamientos, te ayudará a generar conciencia de tu realidad y podrás identificar la calidad de tu diálogo interno. Al reconocer el problema, tendrás la llave para solucionarlo.

"Ante todo, cuida tus pensamientos porque ellos controlan tu vida"
Proverbios 4:23.

Mientras mis hijos crecían me dediqué a estudiar para obtener certificaciones y licencias como cosmetóloga y agente de bienes y raíces. Pero mi anhelo más grande era regresar a la universidad. Después de postergarlo por más de 20 años, decidí hacerlo. Por primera vez en mucho tiempo me sentía vulnerable. Tuve que salir de mi zona de comodidad y a mis 40 años tuve que enfrentar un mundo totalmente desconocido para mí. Fue retador sentarme en un aula en la que la mayoría de los estudiantes eran más jóvenes y parecía que estaban repasando materias, mientras que yo sentía que estaba aprendiendo muchos temas por primera vez.

Mi rutina familiar colapsó a un punto de casi derrumbarse. Dejé de pasar tiempo con los demás, porque permanecía en mi cuarto estudiando. Dormía muy poco y comía muy mal. El estrés y la ansiedad formaron parte estelar de mi rutina. Yo no fui capaz de expresarlo en ningún momento. Preferí la pretensión. Jugué a mostrar que tenía cada área de mi vida perfectamente bajo control.

El cuerpo habla y, un día, el mío se rindió. Tuve que ir al hospital debido a una colitis nerviosa. En ese momento entendí que tenía que cuidar mi alimentación; debía comer a las horas y evitar aquella comida que me irritaba el estómago. Mis problemas con la colitis disminuyeron, pero mi ritmo no se redujo. El correr de la vida y el deseo de complacer a todos, me impedía exteriorizar lo que ocurría en mi interior. No era capaz de compartir mis retos con los demás, no quería dejar al descubierto mi evidente miedo ante lo desconocido.

Una mañana no pude levantarme de la cama, estaba experimentando vértigo. Mi cuerpo volvía a gritarme que escuchara lo que la mente callaba. Fue una experiencia terrible, todo me daba vueltas y no lo podía controlar. Definitivamente mis miedos, el estrés y la carga de trabajo estaban pasándole factura a mi cuerpo. En mi mente yo lideraba una revolución y no me daba permiso de compartirla con nadie.

Por las malas, entendí que mis emociones y pensamientos estaban enfermando mi cuerpo y mi salud. Comprendí que tenía que aprender a gestionar mis emociones y sentimientos de una manera saludable. Todos los días tomo conciencia de cómo me siento para hacerlo consciente y reconocer cuáles son las emociones o pensamientos que me roban la paz. Los pensamientos y sentimientos nocivos, los desecho. Comunicar nuestros pensamientos de manera efectiva nos ayuda a gestionar nuestras emociones saludablemente. Porque cuando la boca calla, el cuerpo habla y casi siempre lo expresa a través de enfermedades.

Según Enric Corbera (2017), un ingeniero técnico industrial, naturópata, titulado en Psicología, y creador del método Bioneuroemoción, las emociones afectan al organismo, tal como lo plantea en el siguiente ejemplo: "Cuando nos ponemos nerviosos se nos quitan las ganas de comer" o "Ante un examen se tiene una diarrea". El principal problema nunca está fuera de la persona, sino en su mente. El entorno es el principal recurso que posee el ser humano para comprender cuál es el estado interior. El contexto muestra un reflejo de lo que la persona es, hace, piensa y siente. Para llegar a estas reflexiones, enfatizamos en la modificación del aspecto emocional y conducta de la persona. Se suele trabajar para un cambio de consciencia. Al reprimir pensamientos negativos por una larga duración, corremos el riesgo de alterar el organismo y su funcionamiento. En las peores circunstancias, se forma una enfermedad.

Una opción para contrarrestar los pensamientos negativos es reemplazarlos con una afirmación positiva:

- Cuando las cosas no te salen bien y te equivocas, repite lo siguiente:

  - ✓ Hice mi mejor esfuerzo, mi valor es el mismo.
  - ✓ El experto algún día también fue un principiante.
  - ✓ Mis errores del pasado no definen mi futuro.

- Cuando llegan las crisis y las dificultades, recuerda lo siguiente:

  - ✓ No temas. Para cada problema hay una solución.
  - ✓ "Todo lo puedo en Cristo que me fortalece" (Filipenses 4:13)
  - ✓ Soy valiente, Dios está conmigo.

¿Pero qué pasa cuando no creo lo que estoy afirmando? Muy probablemente la razón sea que desconoces tu valor y tus cualidades. Cuando no somos conscientes de nuestro potencial, es fácil creer las mentiras que nuestro ego nos grita. Estas se reflejan en frases como: "¿Quién te crees que eres? Eres un fracaso, todo mundo es mejor que tú". La única manera de silenciar tu ego y esa narrativa negativa es reconociendo nuestro valor y nuestro potencial. La calidad de nuestros pensamientos y una buena autoestima, dependen de nuestro diálogo interior. Por lo tanto, debemos cultivar nuestro valor de manera intencional.

¿Cómo podemos hacerlo? Te invito a realizar una lista de tus fortalezas y habilidades.

Reconocer que eres un ser humano valioso con virtudes y cualidades, te ayuda a contrarrestar los pensamientos negativos. Como he mencionado anteriormente, donde enfocas tu atención, tu energía fluye y se acrecienta.

El estrés dispara todo tipo de enfermedades

El estrés es un asesino silencioso y el causante de todo tipo de enfermedades. Lo que genera estrés es nuestra percepción de la realidad; la manera en la que interpretamos todo lo que nos sucede.

Vale la pena preguntarse ¿Cómo sientes el estrés? ¿Cómo lo vives? Piensa en qué genera estrés en ti y qué sensaciones te provoca. Una de sus manifestaciones más evidentes es que nos resta felicidad. Si no estamos felices, nuestro cuerpo se enferma. Algunos de los síntomas generados por el estrés son falta de sueño, dificultad para respirar, mareos, ansiedad, ataques de pánico y muchos otros. Y no es más que un reflejo de que la carga que llevamos nos está rebasando.

Escucha y atiende a tu cuerpo. Las señales que nos muestra a través de los síntomas están creadas específicamente para que hagamos algo y corrijamos la situación a tiempo. Por ejemplo, para aliviar el estrés, podemos recurrir a la respiración consciente. Tenemos que concentrarnos para practicarla con profundidad y calma. La respiración debe ser intencional y reflexionada.

"Dejen todas sus preocupaciones a Dios, porque
él se interesa por ustedes"
Pedro 5:7

Consejos prácticos para cultivar una buena salud

El ejercicio beneficia tu salud física y mental. Está comprobado que cuando nos ejercitamos producimos hormonas del bienestar, como la dopamina, que es la encargada regular el estrés y la endorfina, llamada también la hormona de la felicidad. Con solo 20 minutos de ejercicios al día puedes disminuir tu ansiedad, gozar de buen humor, y aliviar los síntomas de la depresión.

En mi experiencia directa, una de las cosas que me ayudó durante la depresión fue hacer ejercicio. Esto influía positivamente en mi bienestar. Al hacer este descubrimiento, quise compartirlo con todos a mi alrededor. Como mencioné al inicio del libro, empecé un grupo de zumba en la iglesia e impartía clases gratuitas tres veces por semana. En estas clases enseñaba temas que agregaran valor a la salud integral: cuerpo, mente, alma y espíritu.

Al ver los beneficios recibidos en esta clase, una amiga invitaba a otra y la iniciativa creció y se multiplicó rápidamente con extraordinarios efectos positivos. Son incontables los beneficios del ejercicio físico, no sólo trae alegría a tu corazón, sino que también lo mantiene sano limpiando el exceso de colesterol en las arterias y desintoxicando tu sangre y cuerpo de otros excesos nocivos.

Seguro has escuchado el dicho que dice "somos lo que comemos". Una mala alimentación puede desarrollar enfermedades crónicas y cardiovasculares. También obesidad, diabetes y cáncer. Cuidar de nuestra salud es nuestra responsabilidad como cristianos.

"Querido hermano, pido a Dios que, así como te va bien espiritualmente, te vaya bien en todo y tengas buena salud"
3 Juan 1:2.

Somos mayordomos de los bienes de Dios y nuestro cuerpo le pertenece a Él. Cuando lleguemos a su presencia, tendremos que rendir cuentas sobre cómo cuidamos de todos los dones recibidos, incluyendo el cuerpo mismo.

"¿No saben ustedes que su cuerpo es templo del Espíritu Santo que Dios les ha dado, y que el Espíritu Santo vive en ustedes? Ustedes no son sus propios dueños".
1 Corintios 6:19.

Procura una buena alimentación. Aparte de una rutina de ejercicios físicos es importante procurar una buena alimentación. Y para esto, es necesario agregar el don del auto control. No es suficiente con saber en qué consiste una buena alimentación. Aunado a esto, es vital tomar buenas decisiones y resistir a las tentaciones a la hora de comer, porque la comida es un enorme placer que se puede convertir en un terrible hábito.

Permíteme compartir contigo algunas recomendaciones:

- Evita el consumo de comidas rápidas y reemplázalas por comidas hechas en casa. Sustituye las frituras, cocinando y consumiendo los alimentos al horno, asados o a la plancha, ya que el consumo de grasas saturadas en nuestra dieta regular puede ocasionar graves problemas de salud, incluyendo enfermedades cardíacas y colesterol alto.

- Evita el alto consumo de sal. Para esto es necesario remover los saleros de la mesa. Si la comida ya está cocinada con sal, no es necesario agregar más. Una dieta con alto contenido de sal puede producir presión arterial alta y mayor propensión a infartos. Hay muchas maneras de reemplazar la sal. Por ejemplo, puedes condimentar tus alimentos con hierbas como el perejil o romero. La pimienta y el jugo de limón también son una excelente opción.

- Evita todo lo enlatado o empaquetado, porque contiene un alto contenido de sodio. Deshazte, en la medida de lo posible, de los pepinillos, atunes, chips, semillas o cacahuates en bolsitas.

- Elimina los refrescos o jugos artificiales en casa. Bebe agua natural. El consumo de bebidas azucaradas está relacionado directamente con la obesidad, enfermedades cardiovasculares y triglicéridos altos. Cada refresco que tomas representa muchas cucharadas de azúcar. La manera más fácil de no caer en la tentación de las bebidas azucaradas es no comprarlas. Haciendo una sabia decisión desde la tienda o el supermercado puedes combatir las enfermedades. En mi casa no tomamos refrescos. Cuando salimos los fines de semanas y comemos en un restaurante, en caso de que se nos antoje, optamos por la porción más pequeña. Acuérdate de que los adultos modelamos los buenos hábitos, desde casa, para nuestros hijos.

Duerme lo suficiente. La falta de sueño impacta de manera significativa en nuestra salud mental y física. Al no dormir al menos siete horas, afectamos nuestro estado de ánimo y temperamento. Tenemos que dormir una cantidad de horas concretas para estar sanos.

Si no duermes lo suficiente, puedes llegar a sentirte impaciente, enojado o deprimido. Aunado a esto, la falta de sueño determina cuánto comemos. Esto se debe a que las hormonas se regulan mientras dormimos. Si no descansamos lo suficiente, las hormonas del hambre se descontrolan y aumenta la sensación de hambre, haciendo que sea más difícil de saciar. El sueño perdido no se recupera y dormir por el día no tiene el mismo beneficio que cuando lo haces por la noche.

Para desarrollar buenos hábitos es necesaria la autodisciplina, por lo que debemos establecer nuestros propios límites y reglas para obtener resultados óptimos. Te comparto algunas de las cosas que me han ayudado:

- Determina una hora específica para ir a dormir, tomando en cuenta la hora en la que te vas a levantar. Asegurándote de descansar al menos siete horas.

- Desconéctate de los aparatos electrónicos media hora antes de dormir. Y libérate de las típicas frases: "Un episodio más de Netflix y me acuesto", "Un juego más y ya", "Solo 10 minutos más en las redes sociales". Ese ratito más se convierte en 30 minutos o incluso en horas. No respetar la hora de ir a dormir es una forma de sabotear nuestros planes del día siguiente, pues si nos acostamos a una hora inadecuada, será mucho más difícil levantarnos temprano y cumplir con lo que nos habíamos propuesto. Para desconectarnos del teléfono, de la televisión y de los videojuegos; y para obtener éxito y buenos resultados en todo lo que hacemos, también es necesario practicar la autodisciplina.

"Porque no nos ha dado Dios espíritu de cobardía,
sino de poder, de amor y de dominio propio"
2 Timoteo 1:7.

- Evita hacer ejercicio en la noche. El ejercicio provoca que el cuerpo genere endorfinas y active el sistema nervioso. Por lo tanto, se dificulta conciliar el sueño. Personalmente, hago ejercicio temprano, porque me da energía para el resto del día.

- Cena temprano y evita las bebidas con cafeína. Los expertos recomiendan no comer pesado después de las 6:00 p. m. puesto que esto produce que nuestro organismo permanezca en un estado de alta alerta, estimulando la producción de la adrenalina. En mi experiencia, el café por la noche afecta mi sistema nervioso. Mi café lo prefiero solo por la mañana.

Cuando estamos cansados y nos sobrecargamos de responsabilidades, no podemos funcionar en óptimas condiciones. Piensa en una computadora. Cuando dejas muchas ventanas de navegación abiertas; y además nunca la apagas ni le das el mantenimiento correspondiente, el aparato empieza a presentar fallas y deja de funcionar correctamente.

Con intención y voluntad, debemos permitirnos períodos de descanso durante el día y la semana; no solamente una vez al año en una vacación familiar. Incluye en tu rutina el descanso y la diversión. Si estás descansado serás más creativo, paciente y feliz.

Visita al médico de forma regular. ¿Vas al médico por prevención o cuando ya estás enfermo? La mayoría de las personas acude a un doctor cuando ya presentan síntomas de alguna enfermedad. Lamentablemente, en muchas ocasiones es demasiado tarde. La enfermedad está ya muy avanzada. Este comportamiento tiende a ser más frecuente en los hombres que en las mujeres, especialmente cuando se trata de los exámenes anuales. Quizás posponemos nuestras citas con el médico, porque estamos muy ocupados o no queremos faltar al trabajo. Te invito a preguntarte, ¿qué pasaría si te enfermas gravemente? Es posible que tu vida se paralice. Por ende, ya no podrías ir a trabajar. Tu atención y tu enfoque estarían ocupadas en recuperar tu salud. Y sumado a eso, tu familia sufriría contigo este proceso.

"La sabiduría es lo primero. ¡Adquiere sabiduría!
Por sobre todas las cosas, adquiere discernimiento".
Proverbios 4:7

Trabajemos intencionalmente en construir hábitos que nos permitan vivir saludables de manera integral: cuerpo, mente, alma y espíritu. Recuerda que nuestra vida es un regalo que debemos cuidar y proteger para poder vivir una vida plena. Cambia radicalmente tus hábitos diarios y mejora tu calidad de vida.

Despierta y Levántate.
Ejercicios para reflexionar

Cambia tu narrativa negativa a través del autoconocimiento.

✹ Haz un inventario de tus cualidades y fortalezas. Adicional a ello, pide a tres personas de tu círculo más cercano que te envíen una lista con 10 fortalezas y cualidades que te identifiquen. Con su apoyo, reforzarás tus virtudes y descubrirás nuevas cualidades de las que no eres consciente.

⚙ Tomando en cuenta la importancia de la salud integral, ¿qué área de tu vida necesitas mejorar?

____

____

____

____

⚙ ¿Qué cambios te comprometes a hacer específicamente? Comparte tu compromiso con alguien más para obtener mejores resultados.

____

____

____

____

*Es tiempo de reconocer que eres un ser maravilloso
creado con dones y talentos extraordinarios.*

CAPÍTULO 5

Vive agradecido

El agradecimiento es clave para ser feliz

"La gratitud abre la plenitud de la vida".
Melody Beattie

En el año 2015, en un estudio de la universidad de Pensilvania dirigido por Lesowitz y Sammons, se recomendó a personas deprimidas el hábito de agradecer durante tres semanas. Se les pidió que escribieran las cosas en las que les había ido bien durante el día y por qué. Después del lapso concretado, el 95% de los pacientes afirmó sentirse menos deprimido. (Martin. E, 2020)

Cuando estuve deprimida, parte de mi terapia fue llevar un diario de gratitud. Al principio me pareció insignificante, ¿cómo dar gracias podía regresarme el alma al cuerpo y, aparte, los deseos de vivir? Para mi sorpresa, después de un mes, la práctica de la gratitud fue disipando la oscuridad y las tinieblas de mi vida. Fui notando cómo mi camino se llenaba de luz y de muchas razones para vivir.

"Estén siempre alegres, oren sin cesar, den gracias a Dios en toda situación, porque esta es su voluntad para ustedes en Cristo Jesús".
1 tesalonicenses 5:16-18.

La gratitud es la habilidad de dar gracias sin importar las circunstancias. Es una elección, porque hay circunstancias en las que decidimos dar gracias por encima del dolor.

Conocí el caso de una mujer que lloraba la muerte de su hijo de 3 años que murió ahogado en la alberca de su propia casa. El dolor de perder un hijo debe ser desgarrador e indescriptible. A eso le podemos sumar los sentimientos de culpa que podrían llevar a cualquier madre a una profunda depresión y hasta al deseo de la propia muerte. Tuve el privilegio de acompañarla y orar por ella. Pude ver cómo Dios fue transformando su dolor en amor y luego en agradecimiento.

> —He llorado tanto que ya no tengo lágrimas, pero doy gracias a Dios porque me ha dado el don de recordar a mi hijo vivo y no muerto. Cada día celebro su vida y agradezco a Dios por el tiempo que pude disfrutarlo. Ahora dedico mi tiempo a ayudar para crear conciencia de la importancia de enseñar a los niños pequeños a nadar para prevenir este tipo de accidentes. Hago esto como una manera de honrar la memoria de mi hijo. El dolor y la tristeza nunca se supera, se aprende a vivir con ella, pero finalmente siento paz y sé que es obra de Dios —me contaba ella, un tiempo después.

Tomar la decisión de agradecer en medio de nuestras tribulaciones tal vez no cambie nuestras circunstancias, pero sí la manera en que vemos la vida. La actitud de gratitud es un paso de fe que verdaderamente es fuente de inspiración para aquellos que nos escuchan y nos observan.

Podemos hacerlo igual que Pablo y Silas en Hechos 16:16. Ellos dos, estando en la cárcel, tuvieron la oportunidad de dar testimonio de su fe por medio de oraciones y el canto de salmos. En ese momento el milagro se produjo: las cadenas de los presos se soltaron y las puertas de la cárcel se abrieron.

Asombrado, el carcelero quiso ser bautizado y creer en ese Dios, capaz de obrar tan maravilloso milagro.

Una actitud de agradecimiento puede provocar grandes milagros, créclo.

Escoge una actitud de gratitud cada día

Despierta cada día dando gracias a través de tu oración, meditación o llevando un diario de gratitud. Escribe en él una lista de todas las cosas por las que estás agradecido. Porque cuando lo escribes tiene mucho más poder. En ocasiones no somos conscientes de cuán bendecidos somos, porque no hacemos un inventario diario de todas las cosas que tenemos la fortuna de disfrutar. Sin embargo, te aseguro que, si lo reflexionas conscientemente, la lista de tu diario será muy larga.

Escribe todo, desde lo más pequeño y aparentemente insignificante, hasta lo más grande y valioso. Cuando practicamos la gratitud, generamos en nosotros un mecanismo de defensa que nos protege de aquellas situaciones que se nos presentan en la vida y que son imposibles de controlar.

Un corazón agradecido está lleno de paz y de amor. Un corazón que agradece nos ayuda a responder con serenidad y asertividad ante el caos y la incertidumbre. Descubrirás que, a medida que agradeces por todo, encontrarás más cosas por las cuales agradecer. Así vivirás una vida de gozo permanente y en abundancia.

Al igual que a mí, quizás te llame la atención ver a personas menos privilegiadas que reflejan más felicidad que aquellas que decimos tenerlo todo. El menos privilegiado da gracias por las cosas más simples, como el milagro de estar vivo, el techo sobre su cabeza o un plato de comida. En cambio, quien afirma tenerlo todo, tiende a olvidarse de valorar esas pequeñas cosas. Creando un gran vacío e insatisfacción interior que más adelante se convierte en amargura, porque cuando nos enfocamos exclusivamente en lo que nos falta y olvidamos agradecer por lo que ya tenemos, corremos el riesgo de infructuosamente, querer llenar ese vacío interior con cosas materiales.

Nuestra actitud es como un imán que atrae cosas positivas y negativas. ¿Has notado que cuando estás de mal humor y te mantienes en la misma vibración, ¿nada te sale bien o te suceden más cosas negativas? El ejemplo más claro es cuando expresamos: "desperté con el pie izquierdo". Probablemente la solución no sea regresar a la cama y tocar el suelo con el pie derecho, sino cambiar tu actitud de forma intencional.

La física cuántica nos dice que somos creados por materia, células, moléculas, átomos, electrones, protones y neutrones, que a su vez están hechos de quarks. Estos no son más que ondas o vibraciones que nos conectan directamente con todo lo que está vibrando en el universo, a través de la misma frecuencia. La actitud con la que iniciamos el día influencia directamente nuestros resultados el resto de la jornada. Decide empezar tu día eligiendo una buena actitud. Puedes lograrlo de manera intencional a través de la práctica del agradecimiento.

Da gracias usando tus palabras...

La palabra G R A C I A S se escribe con solo siete letras, pero tiene mucho poder. La palabra GRACIAS es literalmente mágica y te hace feliz.

- Decir GRACIAS expande tu corazón para que en él haya más amor y armonía.

- Decir GRACIAS te da paz y serenidad.

- Decir GRACIAS te hace humilde, capaz de respetar a todo lo que te rodea y amar sin límites.

- Decir GRACIAS te permite abrir espacios en tu vida para que entren la abundancia, las bendiciones y el amor infinito.

- Decir GRACIAS te permite valorar más a las cosas y personas que te rodean, así como disfrutarlas auténticamente.

- Decir GRACIAS expande tu visión de la vida y te conecta con la abundancia. Todo lo que sueñas y anhelas es posible alcanzarlo desde el agradecimiento.

- Decir GRACIAS es un hábito que, al practicar a diario, se dará de forma natural, como respirar.

Para añadir el buen hábito de la gratitud en nuestras vidas, debemos ser intencionales y tener en cuenta los beneficios que trae a nuestra vida, pues servirán como un incentivo para decir GRACIAS en cada momento y circunstancia. Está comprobado que el ser agradecido te hace más alegre, mejora tus relaciones interpersonales y te ayuda con la calidad de tu sueño. Así mismo, mejora la salud mental y tu calidad de vida, al enfocarte en lo positivo y en lo que sí está funcionando.

No se inquieten por nada; más bien, en toda ocasión, con oración y ruego, presenten sus peticiones a Dios y denle gracias. Y la paz de Dios, que sobrepasa todo entendimiento, cuidará sus corazones y sus pensamientos en Cristo Jesús.
Filipenses 4:6-7.

La gratitud produce generosidad y recompensas. Conocíamos el caso de una mamá soltera que tenía cuatro niños y no tenía transporte. En muchas ocasiones, personalmente la llevé a múltiples citas al doctor. En ese tiempo, mi esposo y yo habíamos decidido comprar un auto familiar nuevo y vender nuestro carro. Entonces recordamos, cómo en diferentes ocasiones de nuestra vida Dios nos había bendecido a través de otras personas. Y en agradecimiento, decidimos ser una bendición para esta familia, así que les regalamos el automóvil que planeábamos vender.

Al siguiente año, sorpresivamente un amigo nuestro que ya no podía manejar a causa de una enfermedad nos llamó para decirnos que quería donarnos su automóvil. Te cuento esto porque nada de lo que poseemos es para fines propios y de acumulación, sino para dar y ayudar a otros. Somos bendecidos para bendecir a los demás y somos agentes multiplicadores de la gracia de Dios. El objetivo no es dar para que Dios nos dé más, sino dar de lo mucho o poco que ya tenemos porque, en la medida que damos, también recibiremos.

El sentimiento de gratitud trae como resultado a tu vida la generosidad, al contar las bendiciones recibidas por Dios a diario, se crea un sentido de abundancia que nos lleva a dar con magnificencia.

"El amor del Señor no tiene fin, ni se han agotado sus bondades.
Cada mañana se renuevan; ¡qué grande
es su fidelidad!"
Lamentaciones 3:22-23.

Dios es la fuente inagotable de todos los dones y cuando estamos unidos fielmente a Él, vamos a experimentar plenitud y abundancia. Convirtiéndonos en agentes multiplicadores de la gracia de Dios. Empezaremos a ver a las personas conocidas y desconocidas con amor y compasión. Si podemos entender la forma en la que Dios nos ama y nos tiene paciencia, entonces naturalmente replicaremos su amor. Nuestras acciones serán notables y nos volvemos generosos con nuestro tiempo, talentos y tesoros, porque entendemos que todo lo que poseemos viene de Dios y nada nos falta si lo compartimos con los demás.

Agradece en tiempos difíciles

Haciendo un recuento de las situaciones difíciles que he atravesado en mi vida, he podido ver como todo al final tiene una razón o un propósito.

"Sabemos que Dios dispone todas las cosas para el bien
de quienes lo aman, a los cuales él ha llamado de acuerdo
con su propósito"
Romanos 8:28.

Esta cita bíblica me hace recordar la historia de José en Génesis 37-50, él fue vendido como esclavo por sus hermanos. Sufrió injustamente, pero después Dios le asignó una posición de poder siendo mayordomo en la casa del Faraón de Egipto. Desde este lugar pudo bendecir a su familia y a muchas personas.

Doy gracias a Dios por todas mis dificultades porque, gracias a eso, ahora tengo una historia que contar y una lección de vida que compartir. Recuerdo cuando mis hijos comenzaron su adolescencia y empezaron a experimentar los cambios de temperamento. Fue muy difícil para mí verlos tomar decisiones con las que yo no estaba de acuerdo, pues yo había soñado algo diferente para ellos. Hasta me llegué a cuestionar qué estaba haciendo mal. Tomé acción con respecto al desarrollo de mis hijos, busqué libros para entender lo que estaba sucediendo y comprendí que lo que estábamos viviendo era normal y parte de su crecimiento. Pero te confieso que fue un tiempo muy duro para mí, pues después de haberlos protegido y cuidado durante tantos años, ahora tenía que darles su libertad e independencia. Acepto que me costó desprenderme y comprender que los hijos son nuestros, pero no nos pertenecen.

He aprendido a amar y acompañar a mis dos hijos sin expectativas, confiando en que todo lo que están viviendo y decidiendo es necesario como parte de su aprendizaje. Ahora, a través de mi experiencia, puedo darle esperanza a otra madre, que apenas está comenzando la retadora etapa de la adolescencia. Si tú eres una de ellas, quiero invitarte a que confíes en el proceso y a que tengas fe en el plan de Dios. Si vemos nuestra situación sin juicios, sin quejas ni victimizaciones, entenderemos que incluso hasta lo que nosotros calificamos como malo, Dios lo usa para un bien mayor. Así de grande es su amor. Todas las cosas obran para bien. Créelo: todo va estar bien, es tan solo una etapa.

Es fácil dar gracias a Dios cuando todo marcha a nuestro favor. Pero ¿qué pasa cuando estamos viviendo tiempos de crisis? Nuestra tendencia es enfocarnos en lo negativo y olvidarnos de lo positivo.

Durante la pandemia del COVID-19, por mucho tiempo nuestra atención estuvo enfocada en el número de nuevos casos de personas contagiadas. Enfocarse sólo en el número de contagios nos producía mucha ansiedad y miedo. En estas estadísticas estábamos olvidando una parte muy importante: el número de casos de personas que sanaban. Después de hacer este descubrimiento, intencionalmente empecé a enfocarme en esta cifra. Este ejercicio me produjo alegría por las personas recuperadas y sus familias.

A los pocos meses, mi esposo y yo nos contagiamos con el virus. Durante mes y medio estuvimos muy enfermos. A lo largo de esos días, mi hijo menor que vivía con nosotros en casa, no se contagió gracias al uso de la mascarilla y el aislamiento. Mi esposo quedó con secuelas del virus, ahora es hipertenso y tiene problemas pulmonares causados por la neumonía. ¡Pero tenemos muchas más razones para agradecer que para quejarnos! Esta crisis nos ha unido más como pareja. Cada día que pasa valoro más el regalo de la vida y la salud. Lo que más puedo agradecer es que sobrevivimos, Dios nos regaló una segunda oportunidad de vida.

Durante esta pandemia hemos podido apreciar y agradecer por todo aquello que dábamos por sentado: la libertad para asistir a nuestras iglesias, viajar, visitar a nuestros seres queridos o estar presentes para dar un último adiós a nuestros amigos y familiares. Si enfrentamos las crisis con una actitud de fe, vamos a poder agradecer por la experiencia vivida, pero para esto es necesario hacerte algunas preguntas.

Despierta y Levántate.
Ejercicios para reflexionar

🌿 Te invito a practicar la gratitud haciendo una lista de tus bendiciones:

____

____

____

____

🌿 ¿Alguna vez has recibido algún regalo o favor sin esperarlo? ¿Cómo te sentiste?

____

____

____

____

🌿 En agradecimiento por todas las bendiciones recibidas hasta el día de hoy, ¿te atreverías a convertirte en un agente multiplicador de la bondad de Dios?

____

____

____

____

🌿 Escribe algunas ideas específicas para bendecir a otras personas

____

____

____

____

❧ ¿Qué lección de vida puedo aprender de todo esto?

____

____

____

❧ ¿Qué oportunidad está escondida detrás de esta crisis?

____

____

____

No esperes a tenerlo todo y a que tu vida sea perfecta para disfrutarla. Aun en medio de la crisis, tenemos muchas razones para mirar al cielo y decir: G R A CI A S.
La práctica del agradecimiento es clave para vivir una vida feliz.

CAPÍTULO 6

Vive con propósito

Tu vida es un regalo para el mundo

*"El regalo de Dios para nosotros es nuestro potencial.
Nuestro regalo para Dios es desarrollarlo".*
John Maxwell

Después de transitar por una depresión que casi destruye mi matrimonio, mi familia y hasta mi propia vida, pude descubrir mi propósito de vida. Nunca imaginé que esta etapa tan oscura de mi vida iba a ser el instrumento que Dios usaría para darme sentido y dirección. Entendí que era necesario vivir esa experiencia para poder conectar y empatizar con tanta gente que, al igual que yo, sufre con la depresión.

Gracias a Dios pude superarla y ahora puedo amarme como Dios me ama. Ese mismo amor se ha ido derramando hacia a los demás, manifestándose en todas las cosas que hago.

A raíz de esa experiencia, nació en mí un profundo deseo de servir a los otros a través de mi historia, mi tiempo y mis dones. El desarrollo personal ha sido el catalizador que me ha ayudado a alcanzar mi máximo potencial. De esta manera he podido acompañar a otros en sus procesos de vida. Ahora soy una persona que valora y agrega valor a las personas.

Es por eso que, de manera intencional, siempre me estoy equipando a través de talleres, conferencias y certificaciones para poder servir con amor, pero también con excelencia.

Al hablar de tu propósito de vida, podemos relacionarlo con lo que más te gusta o apasiona y también puedes conectarlo con tu dolor más profundo. Durante mi proceso de sanación descubrí que mi depresión no había venido a destruirme, sino a equiparme para mi propósito. Quiero invitarte a ser valiente y a levantarte de cualquier situación que hayas vivido o estés viviendo actualmente. Mi deseo es que tú también puedas descubrir que, en cada prueba superada, hay un aprendizaje que puedes convertir en un mensaje poderoso. Tu experiencia de vida tiene el poder de inspirar e impactar a muchas personas.

Así que no te avergüences de tu historia, allá afuera hay alguien que necesita escucharla. ¡Esfuérzate y sé valiente! No veas tus retos y tribulaciones como una desventaja, al contrario, abrázalos. Recuerda que el dolor en tu vida no ha venido a destruirte sino a equiparte para tu propósito.

Cuando ponemos nuestra vida al servicio de los demás encontramos un sentido más significativo para nuestra existencia.

"Si no se vive para los demás, la vida carece de sentido"
Madre Teresa de Calcuta

No importa cuál sea tu profesión o tu posición laboral actualmente, tú puedes decidir hacer tu trabajo diario con una

actitud de servicio. Existe una gran satisfacción en desarrollarte de esta manera. Encontrarás gratificación no solo el día del pago, sino todos los días de tu vida. Si empiezas el lunes deseando que ya sea viernes, estás viviendo a medias.
Estás limitando tu capacidad de ser y hacer más por ti mismo y por los demás.

Cuando nos volvemos conscientes de la diferencia que podemos hacer en la vida de alguien más, comenzamos a ser intencionales en nuestro día a día.

Desde ya puedes vivir una vida con propósito. Solo tienes que poner al servicio de los demás tu tiempo, las habilidades y los talentos naturales que Dios te dio.

"Señor, tú cumplirás lo que has prometido hacer para mí. Señor, tu fiel amor es para siempre; por eso sé que no abandonarás a quienes tú mismo creaste"
Salmo 138:8.

Todos hemos nacido con múltiples dones y con un potencial extraordinario. Lamentablemente, la mayoría solo utilizamos un 10% de nuestra capacidad. Imagínate si todos hiciéramos uso de nuestros talentos y los pusiéramos al servicio de los demás… ¡Transformaríamos a nuestras comunidades y al mundo entero!

Son muchos los beneficios que recibimos cuando servimos:

1.   Echa afuera la tristeza. Nos hace más felices.

2.   Aumenta el sentido de pertenencia.

3.   Nos hace más humildes.

4.   Aumenta la autoestima saludable, no el ego.

5.   Fortalece las relaciones con los demás.

6.   Desarrolla una actitud positiva.

7.   Nos hace conscientes del mundo que nos rodea.

8.   Nuestra existencia responde a un propósito.

El gozo que se experimenta al dar y servir a los demás nos lleva a seguir dando. Cuando damos, recibimos mucho más. La persona que sirve y da, casi siempre, es la persona que está más ocupada y tiene menos recursos. En Lucas 21:4 Jesús nos enseña cuál es la ofrenda que tiene más valor, a través del ejemplo de una viuda que dio todo lo que tenía, mientras que los ricos daban solamente lo que les sobraba.

No permitas que las excusas, la pereza y los pensamientos limitantes (aquellos que te hacen creer que no tienes nada que ofrecer) te aparten del servicio. Somos bendecidos para bendecir. Todos tenemos algo que ofrecer, recuerda que debemos dar desde la abundancia, no desde la escasez. Entrégate siempre con amor y con alegría, sabiendo que Dios nos recompensa con toda clase de bendiciones.

*"Cada uno debe dar según lo que haya decidido
en su corazón, y no de mala gana o a la fuerza,
porque Dios ama al que da con alegría"*
2 corintios 9:7.

El arte del vivir presente y feliz

El secreto de vivir una vida plena se encuentra en vivir despierto y presente para no engancharse en el pasado o en el futuro. La mayoría de nosotros gastamos mucha de nuestra energía recordando sucesos del pasado, recreando historias que nos hacen daño o tratando de descifrar el futuro.
Todo esto nos llena de ansiedad e incertidumbre.

*"Este es el día en que el Señor actuó; regocijémonos
y alegrémonos en él"*
Salmo 118:24.

Vivir en el pasado nos puede llenar de culpa, remordimiento. Es fácil caer en la nostalgia, por ejemplo, al ver que nuestros hijos ya han crecido y descubrir que el tiempo se fue muy rápido y no lo podemos retroceder. Reconocer que no disfrutamos a nuestros hijos lo suficiente, porque estábamos demasiado ocupados y preocupados o tal vez, se nos olvidó jugar más y disfrutar el presente, también lastima. Quizás tus padres ya han muerto y ahora el remordimiento te agobia. "Debí trabajar menos para dedicarles más tiempo" "Debí contestar esa llamada que muchas veces no quise atender".

Si fuéramos realmente conscientes de que la vida se nos va como agua entre los dedos, dedicaríamos no solo el tiempo, sino también más importancia a cada persona y a cada actividad que realizamos. Seguramente dejaríamos el teléfono en el auto antes de entrar a visitar a nuestros familiares y amigos o regalaríamos más besos y más abrazos, acompañados de un "te amo". Entonces te preguntarás, ¿cómo puedo ser intencional para estar más presente en todas las cosas que hago?

Aquí te presento algunas sugerencias para mantenerte en el momento presente y gozar lo extraordinario en las cosas ordinarias:

- La regla de los 30 segundos. Enfoca tu atención en la persona que te está hablando, ya sea un alto ejecutivo, tu hijito de 3 años o la persona de la caja registradora del supermercado. Cuenta 30 segundos mientras observas a la persona y encuentra algo por lo cual quieres agradecer a la vida por esta persona. Cada uno de nosotros somos un milagro.

- Concéntrate en sentir más y pensar menos. La mente es la loca de la casa, siempre quiere estar en el pasado o en el futuro, pero nunca en el momento presente. Una forma para regresar al aquí y ahora es practicando la respiración profunda para crear conciencia sobre dónde estamos y qué estamos haciendo.

- Desconéctate para volver a conectarte. Vivimos una vida apresurada y estamos expuestos a mucha información a través de las redes sociales, correos electrónicos, televisión, etc. Es necesario desconectarnos para hacer conciencia y descubrir cuál es la emoción que nos está afectando con más fuerza. Hazlo con una simple, pero quizás difícil pregunta: ¿Cómo estoy?

Ser feliz es un derecho humano, pero también es nuestra propia responsabilidad. Debemos decidir ser felices y, solo entonces, vamos a poder compartir esa felicidad con alguien más. Dejemos de buscar la felicidad afuera, en los otros. Dejemos de esperar que nuestra pareja, nuestros hijos o amigos, proporcionen eso que a nosotros nos falta.

Erróneamente nos han enseñado que debemos ir por la vida tratando de encontrar nuestra media naranja. La verdad es que Dios no hace nada a medias, por lo tanto, tú y yo no somos medias naranjas, sino naranjas completas.

Durante estos veinte años de matrimonio comprendí que, si necesito de un abrazo debo de pedirlo; si deseo una caminata por el parque, debo hacer que suceda. Nadie tiene el poder de adivinar mis pensamientos y nadie, mejor que yo, conoce mis propias necesidades o lo que me hace feliz. Ahora disfruto más en mi matrimonio. El cambio no se debe a que mi esposo haya hecho algo diferente. La que cambió fui yo, porque me he vuelto responsable de mi propia felicidad.

> *"Me mostrarás el camino de la vida. Hay gran alegría*
> *en tu presencia"*
> ***Salmo 16:11***

Para ser feliz no se necesita tanto. A continuación, te comparto algunas de las cosas que me ayudan a ser feliz:

- No me tomo la vida tan en serio. Cuando las cosas no salen como esperaba, me río de mí misma. Cada día es una nueva oportunidad para volverlo a intentar.

- Recompenso mi trabajo. Me hago regalitos como ver una película, comerme un helado o comprarme unos zapatos. Permitirnos descansar y consentirnos genera felicidad.

- Soy fiel a mí misma. Cuando no quiero hacer algo o ir a algún lugar, simplemente digo que no. Dejemos de ser las víctimas y aprendamos a decir "no".

No podemos esperar a que todo marche a la perfección para poder decir que somos realmente felices. Si fuera así, desperdiciaríamos la mitad de nuestra vida. La vida no tiene que ser perfecta para ser bonita, todo depende de la actitud que tomamos ante las circunstancias que estamos viviendo, porque la verdadera felicidad no viene del exterior. La capacidad de aceptar tu realidad actual te ayudará a ser feliz. Recuerda que tu situación actual no será permanente. Todo pasa.

Vivir feliz y pleno significa recibir de la vida las cosas dulces y también las amargas, así como también el bien y el mal. Cuando las cosas van mal, intencionalmente pongo una sonrisa en mi rostro, me esfuerzo por ver las virtudes en mí y en los demás. La vida es sencilla, aunque nosotros la complicamos por culpa de nuestras altas expectativas. Cuando aprendemos a no esperar nada de nadie, la vida nos sorprende con detalles que alegran nuestro camino.

Es importante no hacer de nuestras buenas obras un intercambio: "Yo te ayudo, pero espero que tú me regreses el favor". Una buena obra siempre será recompensada, porque nosotros cosechamos lo que sembramos.

"Pero ustedes, hermanos, no se cansen de hacer el bien"
2 tesalonicenses 3:13

Realiza tus sueños y construye un legado

Busca vivir cada uno de tus sueños a pesar de tus miedos y tus inseguridades. La vida es corta y frágil, por esa misma razón hagamos todas las cosas a pesar del miedo. Recuerda que el cementerio está lleno de metas e ilusiones que han quedado olvidadas y enterradas. No postergues tus sueños; sácalos de la cajita del mañana y empieza a trabajar en ellos hoy. Por muchos años, yo postergué mi sueño de ir a la universidad con múltiples excusas: "No es el tiempo oportuno", "No tengo dinero", "No tengo tiempo"; y muchas otras razones.

En realidad, fueron mis miedos los que me paralizaron por tantos años. Como consecuencia, yo les pedía a mis hijos que hicieran en la vida todo aquello que yo misma no me atrevía a hacer o no me daba el permiso. Aprendí que no podemos pedirles a nuestros hijos que sean valientes cuando nosotros no lo somos. Además, nuestros hijos vinieron a este mundo a cumplir sus propios sueños.

Te invito a hacer una lista de sueños y proyectos que has dejado en el olvido por tus miedos o inseguridades. Una vez identificados esos sueños que anhelas cumplir, debes ponerles fecha para crear un sentido de urgencia. No tenemos la vida comprada. Hoy es el mejor día para empezar a construir la vida que siempre has soñado. Por ejemplo, si siempre has fantaseado unas vacaciones familiares, debes comenzar por preguntarte a dónde quieres ir; cuánto necesitas ahorrar de manera intencional cada mes; y, por último, asígnale fecha a ese viaje.

Recuerda que somos cocreadores con el Creador del cielo, la tierra y el inmenso universo. Todo lo que anhela tu corazón es posible realizarlo, si tienes claro lo que quieres y estás verdaderamente comprometido con tus sueños. Pero, vamos a sincerarnos: un sueño sin compromiso y perseverancia de tu parte sigue siendo tan solo un sueño.

La forma más eficaz para hacer tus sueños realidad y maximizar tus resultados es organizar tu tiempo a través de una agenda diaria. La excusa más frecuente con la cual saboteamos nuestros sueños es la famosa frase: "No tengo tiempo".

Déjame preguntarte, ¿sabes cuál es la diferencia entre las personas que son más productivas con su tiempo y los que se llenan de excusas? La respuesta es simple: organizan su tiempo de manera intencional y pasan del deseo a la acción.

Visita mi página: www.estelalopezoficial.com

Y descarga gratuitamente una agenda para planear tu día, hora por hora. ¡Sé fiel a tu agenda, para que puedas cumplir tus metas!

¿Te has preguntado qué clase de legado quieres dejar al mundo? Cuando hablamos de legado no necesariamente tenemos que pensar en una herencia monetaria. Nuestro propósito como padres debe incluir el deseo de dejar un regalo que tenga la capacidad de impactar y trascender en las siguientes generaciones. Los valores y tradiciones son regalos que permanecen en el tiempo.

Recuerdo la historia de una familia que cada 19 de marzo celebraba el día de San José, patrono de los trabajadores y la familia. Lo celebraban cocinando y preparando platillos para todo el vecindario. La señora María nos contaba que esta tradición había pasado por varias generaciones. Su tatarabuela, bisabuela, abuela y su mamá cocinaban y regalaban la comida para agradecer a Dios por el sustento del año anterior y para pedir la bendición durante el año venidero. Esta señora trabajaba todo un día completo desde las 3:00 a. m. hasta las 12 del mediodía. Preparaba, cocinaba y servía la comida. Aunque tanto trabajo era muy cansado para ella, año con año encontraba gran gozo en hacerlo. El vecindario entero quedaba muy agradecido por el gesto de amor que recibía. María era muy conocida y querida por todos sus vecinos. Era una mujer a la que nunca le faltaba nada, porque Dios proveía toda clase de bendiciones para ella y su familia.

Cuando dejamos un legado al mundo, estamos involucrando de manera indirecta a las personas que nos observan para que continúen con él y este trascienda. Esta labor requiere de una decisión personal. La oportunidad de crear algo extraordinario en el mundo que hable de tu persona más que de tus palabras te convertirá en un ejemplo de vida.

Despierta y Levántate. Ejercicios para reflexionar

Te invito a pensar a través de estas preguntas cómo puedes dejar tu legado para tu familia, y una huella en el mundo.

🌿 ¿Te has puesto a pensar qué clase de legado quieres construir?

____
____
____
____

🌿 ¿Cómo deseas que te recuerden cuando mueras?

____
____
____
____

🌿 ¿Qué valores son importantes para ti?

____
____
____
____

🌿 ¿Cómo puedes desarrollar un legado o una tradición de acuerdo con tus valores más importantes?

____
____
____
____

Si aún no has descubierto tu propósito, puedes comenzar haciéndote las siguientes preguntas:

❧ ¿Qué talentos y habilidades tengo?

____

____

____

____

❧ ¿Qué es aquello que me dicen que hago muy bien?

____

____

____

❧ ¿Qué es eso que hago que me hace muy feliz y podría hacerlo gratuitamente?

____

____

____

____

❧ ¿Cuál es la mayor necesidad en mi comunidad y en el mundo actualmente?

____

____

____

____

____

❀ ¿Cómo puedo poner mis dones y habilidades al servicio de los demás?

____

____

____

Reflexiona sobre la posibilidad de donar tu tiempo los fines de semana como voluntario, o de enseñar alguna clase en tu iglesia o centro comunitario.

Ahora, más que nunca, nuestra juventud necesita mentores que modelen los valores que se han ido perdiendo.

❀ ¿Lo has hecho antes? ¿Cuál ha sido tu experiencia?

____

____

____

____

Recuerda, la felicidad es una decisión y nuestra responsabilidad.

❀ ¿Cuáles son esas cosas que puedes empezar a practicar desde hoy para hacerte responsable de tu propia felicidad?

____

____

____

____

____

❀ Empieza a vivir la vida que siempre has soñado. Enumera tus sueños a largo y corto plazo:

____

____

____

____

____

Mi legado es promover los valores de la fe, la educación y el liderazgo a través del desarrollo personal, usando como herramientas, libros, talleres y conferencias que me permitan llegar a muchos corazones. Así mismo, deseo convertirme en la voz de aquellas mujeres que fueron silenciadas y a quienes le arrebataron sus vidas sin la oportunidad de realizar sus sueños como mi abuela Josefina.

Por otra parte, quiero viajar a múltiples destinos, vivir la vida que mi madre siempre soñó y que por falta de oportunidades no pudo cumplir. Me gustaría ser recordada como una mujer que amó a Dios y entregó su vida al servicio de los demás, pero sobre todo, que me recuerden como una mujer que vivió una vida imperfectamente plena.

"Que el Señor cumpla todos tus deseos y lleve a cabo todos tus planes"
Salmo 20:4.

Mi último mensaje para ti

Deseo con todo mi corazón que este libro haya despertado en ti, el deseo profundo de comenzar a vivir una vida plena. Espero que te sientas con ganas de levantarte con mucha fuerza y fe, para poder enfrentar los desafíos que la vida te presente. Te recuerdo que la fórmula que te presenté en estas páginas no es mágica. Sin embargo, te prometo que la práctica intencional de cada consejo te llevará a experimentar una vida plena.

No olvides que la fórmula se basa en el cuidado de la salud integral:

Cuerpo + Mente + Alma + Espíritu = Una vida plena.

El ministerio de Living Compass (La Brújula de la Vida) desea compartir contigo una evaluación personal, para descubrir cuáles áreas de tu vida necesitan más cuidado.

Visita el siguiente enlace para descargar GRATIS tu evaluación: https://shop.livingcompass.org/collections/free-resources/products/adult-assessment-spanish

Te invito a hacer y practicar todo aquello que te sume, trayendo paz y armonía a todas las áreas de tu vida. No olvides que tienes que ser paciente en tu proceso de crecimiento; el desarrollo de buenos hábitos no sucede de la noche a la mañana. Si aún después de aplicar y practicar todo lo sugerido en este libro, no puedes superar el dolor, te recomiendo que busques ayuda profesional y espiritual.

El proceso de sanación no es un camino fácil de recorrer, pero vale la pena comenzar. Yo soy testimonio de que la terapia acompañada de la fe, son instrumentos que Dios usa para realizar el milagro de sanación. Él lo utilizó en mi vida y hoy soy una mujer que vive plena y con propósito.

Si ya has logrado sobrepasar el dolor y deseas continuar este viaje de transformación a través del desarrollo personal, contáctame a través de mi página www.estelalopezoficial.com

Me encantaría compartir contigo las herramientas que me llevaron a alcanzar mi máximo potencial.

Te invito a que seas parte de esta tribu; una comunidad de personas que están comprometidas con su crecimiento y desean seguir equipándose para transformar sus vidas y al mundo entero. Puedes encontrarme en ambas redes sociales, Instagram y Facebook, como: @estelalopezoficial.

Comparte conmigo una foto o la frase del libro que más te haya gustado. Etiquétame con el hashtag #formulaparavivirunavidaplena #despiertaylevantate. ¡Me encantará conocerte!

A mis manos han llegado libros que han transformado mi vida. Comparte este libro con alguien que necesite escuchar este mensaje. Todos conocemos a alguien que necesita despertar y levantarse para comenzar a vivir una vida plena. Conviértete en un agente multiplicador de la gracia de Dios uniéndote a este gran movimiento de personas que están despertando y levantándose para inspirar e impactar la vida de otros.

Más que una invitación, es un desafío, ¿aceptas?

Recuerda, creo en ti y creo en tu potencial.
¡Juntos crecemos!

Estela López.

Acerca de la autora

Estela López nació el 8 de diciembre de 1979 en Guadalajara, Jalisco, México. Se encuentra felizmente casada con el Reverendo Pedro N. López, Pastor de la Iglesia Episcopal de San Pedro en Pasadena, Texas. Actualmente viven en Houston con sus hijos Nathan y Peter. Recientemente se convirtieron en abuelos de Alaina.

Estela es una líder que ayuda a mujeres emprendedoras a desarrollar su autoliderazgo para maximizar sus resultados. Cuenta con la certificación del Equipo de John Maxwell como conferencista, coach y capacitadora.

Estela se ha convertido en ganadora de diferentes premios:

- Ganadora del Premio Actitud Positiva Cultura ADN Maxwell 2021.

- Ganadora del Premio de Oratoria del Equipo de John Maxwell 2021.

Es también co-autora del libro "I Have What It Takes", una obra llena de historias y principios ideados para encender el liderazgo natural de cada persona.

Creadora del Curso Digital "Transforma tu Dolor: 6 Pasos Para Convertir Tu Dolor En Una Historia Que Tenga El Poder de Impactar Muchas Vidas". Este curso está basado en su propio proceso de sanación interior, el cual ha ayudado a muchas mujeres a transformar el dolor en su propósito de vida.

Ella ha sido una emprendedora toda su vida, primero como Cosmetóloga y luego como Agente de Bienes Raíces. Recientemente regresó a la universidad para convertirse en terapeuta. Estela disfruta de la música y el baile, por lo cual dedicó nueve años de su vida como maestra de ballet folklórico. Su lugar favorito para vacacionar son las playas del Caribe Mexicano.

Certificada para promover el bienestar de la comunidad y embajadora del Ministerio de La Brújula de la Vida (Living Compass). Una de las pasiones de Estela es ayudar a las personas a convertirse en la mejor versión de sí mismas para vivir una vida plena y abundante mediante el establecimiento de metas, el crecimiento personal y la modificación del comportamiento. En su página puedes encontrar entrenamientos y más herramientas www.estelalopezoficial.com

Bibliografía

Bible Gate Way (s.f). Dios Habla Hoy DHH-Biblia. https://
www.biblegateway.com/versions/Dios-Habla-Hoy-
DHH-Biblia/

Corbera, E. (2017, December 22). Tu Cuerpo habla -
Conferencia ENRIC CORBERA. Retrieved

April 18, 2021, from https://www.youtube.com/
watch?v=Cl691ywBK2s

Goleman, D. (2013). Liderazgo: El poder de la inteligencia
emocional. España: Ediciones B, S.A.

Hay, L. L., & Hay, L. L. (1992). Sana tu cuerpo: Las causas
mentales de la enfermedad física y la forma metafísica
de superarlas. Barcelona: Ediciones Urano.

Lesowitz, N., & Sammons, M. B. (2014). The grateful life:
The secret to happiness, and the science of
contentment. Berkeley, CA: Viva Editions.

Sancho, J. (2012). Sharon M. Koenig: Tenemos 60.000
pensamientos al día y la mayoría son negativos. Diario La
Vanguardia. https://www.lavanguardia.com
/vida/20120321/54271769272/sharon-koenig-ciclos-
del-alma-entrevista.html